KB150933

김석미

현장으로 간 심리학

심리상담사가 들려주는 안전심리

박영story

들어가며

2011년도에 포스코에 입사해, 직원들의 심리적 건강을 위한 상담과 교육을 진행해 온지 어느덧 10년이 돼가고 있습니다. 첫 한두 해는 개인 심리상담을 주로 하면서 이벤트 식으로 심리교육을 진행해 왔으나, 해가 지나면서 점점 교육이 많아졌습니다. 어느 순간 상담 반 교육 반의 비율로 상담실 프로그램이 운영됐습니다.

심리상담실의 문턱이 직원들에게는 높아보였는지 '나도 한번 심리 상담을 받아볼까' 하면서도 선뜻 용기를 내지 않았던 사람들도 교육을 받은 후에는 상담을 하러 오는 경우가 많았습니다. 교육의 콘텐츠를 만들고 실행한다는 데에 상당한 부담을 느꼈지만, 심리상담에 대한 홍보로 교육만큼 좋은 게 없다는 생각도 들면서 더욱 정성을 쏟게 됐습니다. 심리상담과 교육이 제게는 되풀이되는 생활이지만, 내담자나 수강자들에게는 심리상담사와의 '첫경험'일 수 있으니 아주 조심스러웠습니다. 제게도 한 사람 한 사람과의 만남이나 교육시간들이 모두 '첫경험'이 되도록 늘 마음을 써야 했습니다. 덕분에 일상의 생활조차 '두근두근' 설레임으로 가득 찬 시간들을 지금도 보내고 있습니다.

때로는 단시간에 눈에 보이지 않는 상담의 효과에 힘들어하기도 했습니다. 하지만, 절망에 빠져 힘겨워하시던 직원이 어느새 듬직한 아기 아빠가 돼 행복하게 살아가는 모습을 보거나, 오히려 역경을 자기성장으로 승화시킨 많은 분들을 보면서 저 역시 성장하며 감사한 마음으로 오늘도 상담실을 지키고 있습니다.

안전을 그 어떤 것과도 바꿀 수 없는 최고의 가치로 여기는 포스코의 안전문화와 더불어 심리상담의 영역에서도 '안전'에 중요한 가치를 두며 근무하던 중, 저와 안전심리와의 인연이 본격적으로 시작됐습니다.

2014년 4월, 대한민국 모든 국민의 탄식을 자아낼 수밖에 없었던 세월호 사건이 발생한 이후부터였습니다. PTSD(Post Traumatic Stress Disorder)에 대한 예방과 치료 프로그램을 만들라는 지시가 떨어졌고, PTSD 예방프로그램으로써 본격적으로 직원들과의 안전심리 관련 상담과 교육을 시작하게 됐습니다.

지금에 와서야 PTSD 예방프로그램이 안전심리 교육에 있어 금쪽같은 도움이 된 걸 인정하지만, 당시의 제게는 그 프로그램이 견디기 힘들 정도로 부담스럽고 버거웠음을 고백하지 않을 수 없습니다. 문제는 이것으로 끝난 게 아니었다는 겁니다.

2015년도 하반기에 제가 속한 섹션이 안전방재그룹으로 바뀌면서 "회사에 심리학을 전공한 사람이 있으니, 안전심리 한번 해 봐라!"라는 명령이 떨어졌습니다. 의지와 상관없이 흘러가는 게 인생이며, 돌이켜보면 그 흐름이 우연이 아닌 필연이었다는 생각이 들기도 했습니다만, '안전심리라니! 배운 적도 없는데 어떻게 하라는 말이지?'라는 걱정이 앞서면서 앞이 깜깜해졌습니다. 이정표가 없는 하루하루는 안개 속을 헤매는 긴장의 연속이었습니다. 정말이지 그해 겨울은 악몽과도 같았답니다.

'음…. 안전심리라니? 심리가 분명 붙어있긴 하니까 내가 진행하는 게 맞긴 한데…. 어디서 배워야 하나? 교육 수강생들은 모두 나보다 산업현장을 잘 아는 전문가인데. 무슨 말을 할 수 있을까? 아니야, 선례가 없으니까 내가 뭘 교육하든 괜찮을 수도 있어. 그리고 직원 분들과 함께 하면서 배우고 채워가면 되지 뭐, 할. 수. 있. 다!' 주문을 걸면서 용기를 냈습니다. 아마도 긍정적이고 즉흥적인 제 성향이 제대로 도움이 된 듯합니다(웃음).

우여곡절 끝에 2016년도부터는 노골적으로 '안전심리'라는 표제를 걸고 안전심리 프로그램이 시작됐습니다. 솔직히 죄송한 말이지만 처음에는 그저 '시작은 했고 어떻게든 해야 하니 한 해만 버티자.'라는 각오로 임했으며, 엄청난 부담감으로 인해 한 해만 하고 빨리 끝내버리고 싶은 마음도 있었습니다. 죄책감과 불안감을 안고 달리며 사고를 간접적으로, 직접적으로 겪은 직원분들과의 만남을 통해 함께 울고 화내고 좌절하면서 때때로는 기쁨도 느꼈습니다. 안전심리 프로그램을 1년 정도 진행하고 나니 안전심리의 필요성을 머리가 아닌 마음으로 절실히 느끼게 되면서, 안전심리 강사로서의 불안감과 죄책감이 사라졌습니다.

그렇게 시작한 안전심리 프로그램이 2020년, 현재까지 이어져 오고 있습니다. 성대에 무리가 생길 정도로 현장을 열심히 뛰어다니다 보니, 불규칙적으로 실시되는 특강 형식의 교육뿐 아니라 안전교육의 정규과정으로 채택되고 과정도 다양하게 늘어났습니다.

지금, 저는 느낍니다. 산업현장에 안전심리가 왜 필요한지, 안전심리의 영역 중에서 심리학을 전공한 상담사가 해야 할 부분은 뭔지, 또한 그 일이 얼마나 무궁무진한지.

회사에 심리상담사로 몸담은 지 10년, 10년이면 강산이 변한다는데 저도 변한 것 같습니다. 이제 안전심리 강사로서의 부끄러움을 조금은 떨치고 안전심리가 얼마나 유익하고 또 흥미로운지를 널리 알리려고 하니까요(웃음).

그동안 직원분들과 함께 느끼고 배웠던 안전심리를 더 많은 현장의 근로자분들과 가족들, 심리학자들, 안전에 관심이 있는 미지의 분들과 공유하고 싶은 마음에 책을 쓰게 됐습니다.

안전심리가 전문가들이나 특정 영역에 속한 사람들만의 영역이 아닌, 안전하고자 하는 모든 분들의 관심영역이 됐으면 좋겠습니다. 우리의 안전에 대한 최종적인 책임은 우리 자신에게 있으므로 모두가 안전에 대한 전문가가 되기를 꿈꿉니다.

이 책은 딱딱하지 않습니다.
안전심리를 전혀 모르는 분들이라도 읽을 수 있는 책을 내고 싶었습니다.
이 책은 안전심리에 대한 전형적인 개론서나 이론서는 아닙니다.
어느 누가 읽어도 쉽게 읽히는 안전심리에 대한 에세이일 수도 있습니다.
하지만 결코 쉽게 쓰인 책은 아닙니다.
상담과 강의에서 만났던 모든 분들과 함께 써 내려간 경험의 기록이기 때문입니다.
가볍게 읽으시면서 안전심리에 대한 관심을 갖게 된다면 감사하겠습니다.
무엇보다도 교육에 적극적으로 동참해주시고 진심어린 피드백을 주시고 상담을 하면서 마음을 나눴던 직원분들께 감사드립니다. 안전심리 프로그램을 적극 후원해주신 광양제철소 소장님과 상무님, 저를 믿고 한결같은 마음으로 지지해주신 안전방재 그룹장님과 건강증진섹션 리더님, 건강증진섹션과 안전방재그룹 식구들, 그리고 모든 안전 관리자님들께 감사드립니다.
안전심리라는 조금은 낯선 분야를 현장에서 열심히 일하시는 근로자분들과 안전에 관심이 있는 모든 분들에게 소개해드리고 싶은, 저의 야무진 소망을 이룰 수 있게 도와주신 박영스토리 가족 여러분께도 감사드립니다.
마지막으로 저의 영원한 친구이자 동반자인 남편과 예쁘게 성장해가는 두 딸 서윤, 서은이에게 감사의 마음을 전합니다.
"나를 안전하게 해줘서 고마워~"

═══ 2020년 5월.

차례

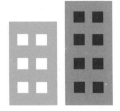

Quik Tips

알려드릴 사항, 하나!

책에 등장하는 사례들은 실제 경험을 토대로 했으나, 익명성 보장을 위해 가상의 스토리로 만들어 봤습니다.

알려드릴 사항, 둘!

'돌발퀴즈'는 고용노동부에서 주관하고 한국산업인력공단에서 실행하는 산업안전기사 문제들 중 안전심리와 관련된 문제들로 이뤄져 있습니다. 산업안전기사는, 산업현장의 근로자를 보호하며 근로자들이 안심하고 생산성 향상에 주력할 수 있는 작업환경을 만들기 위해서 전문적인 지식을 가진 기술 인력을 양성하고자 제정된 국가기술자격입니다.
돌발퀴즈만 살펴봐도 안전심리의 영역이 얼마나 무궁무진한지 알 수 있을 겁니다.

알려드릴 사항, 셋!

읽으시다가 잘 안 들어오는 부분은 과감하게 뛰어 넘으세요. 처음부터 읽지 않으셔도 됩니다. 눈에 들어오는 부분부터 읽으셔도 됩니다. 책의 중간 중간 어느 한 부분 마음이 끌리면 잠깐 읽기를 멈추세요! 여러분들의 안전에 대한 진짜 사고가 시작되는 순간일 겁니다(웃음).

1장

현장으로 간 안전심리

진실한 대화로 사건의 퍼즐 맞추기

사고가 발생했습니다.

이번 주에는 PTSD 상담을 하루에 한 명씩 5건 진행했습니다. '참으로 이상하다…. 분명 각기 다른 다섯 명을 만났는데, 왜 한 사람하고 상담한 것 같을까?'

우울한 표정의 다섯 얼굴을 떠올려 봤습니다. 그들의 입에서 흘러나오는 목소리가 어느새 하나로 합쳐집니다.

'내용이 똑. 같. 다. 그리고 또 이상한 점은 이해가 안 되는 내용이라는 거다. 그래서 뭐가 어떻게 됐다는 거야? 왜 사고가 난 거지? 이미 사고보고서도 나왔고 원인에 따른 개선책도 나왔는데, 왜 이해가 되지 않을까?'

사고 후 여러 번의 조사와 면담을 거쳐 상담실에 오다보니, 내담자들이 너무 지쳐버린 걸까요? 상담도 이미 또 하나의 조사라고 인식해버린 걸까요?

다행히 다섯 명의 내담자들은 상담회기가 진행되면서 자기 목소리를 찾았습니다. 비밀이 완전히 보장된다는 말을 신뢰하고 나서야 (라포 형성 이후) 내담자들의 진짜 이야기가 시작됐습니다.

"다른 분들과 이 이야기들을 나눠본 적 있나요?"

"아니요, 처음 얘기합니다."

"그동안 굉장히 답답했겠어요."

"상담사님, 제가 생각하는 이유는요⋯."

내담자가 스스로 유추한 이유로 시작한 사건의 스토리는 모두 달랐습니다. 퍼즐이 완성됐습니다. 듬성듬성 빠져 있었던 퍼즐 조각들이 하나하나 끼워지니, 도저히 이해하지 못했던 부분들을 하나씩 숙지하면서 사고가 일어난 과정도 이해하기 시작했습니다.

내담자들은 비밀 보장이라는 상담의 원칙을 믿었기 때문에 자신이 생각하는 진짜 이유들을 말할 수 있었을 겁니다. 물론 그 이유들은 사고의 진짜 이유가 아닐 수도 있지만, 자신들의 생각을 진실하게 말할 수 있었다는 점이 중요합니다.

"도움을 드리지 못해 죄송합니다."

"아니요, 이렇게 처음 털어놓은 것만으로도 속이 시원~합니다."

상담을 통해 저는 안전에 있어서 심리학의 중요성을 점점 느끼게 됐습니다. 그리고 안전심리에 대한 사명감이 스멀스멀 올라오기 시작했습니다.

모든 욕구의 근본, 안전

안전(安全)이란?

위험이 생기거나 사고가 발생한 염려가 없이 편안하고 온전한 상태, 또는 그러한 상태를 유지하는 일.

요즘은 심리학이 대세인 것 같습니다. 심리 관련 책들도 많이 발행되고 전공자가 아닌 사람들이 전공자 이상의 심리학 지식을 지닌 경우도 많습니다. 따라서 대부분이 유명한 심리학자들에 대해서도 알고 있을 겁니다. 저는 심리학자라 하면, '무의식'을 소개한 프로이트와 융, '평생 발달'에 초점을 맞춘 에릭슨, '열등감' 하면 떠오르는 아들러가 먼저 생각나네요.

그렇다면, 안전과 관련해서 가장 많이 회자되는 심리학자는 누구일까요? 바로 5단계의 욕구위계설을 주장한 아브라함 매슬로우입니다. 매슬로우는 사람이라면 누구나 기본적인 5가지 욕구를 가지고 있다고 전제합니다. 생존의 욕구, 안전의 욕구, 소속의 욕구, 인정의 욕구, 자아실현의 욕구입니다.

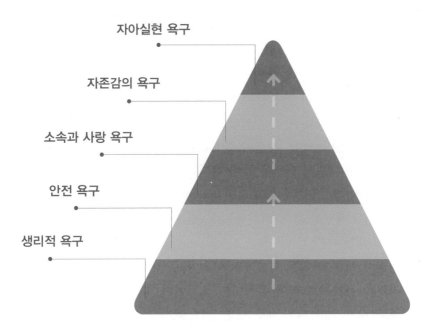

자아실현 욕구

자존감의 욕구

소속과 사랑 욕구

안전 욕구

생리적 욕구

　매슬로우는 하위의 욕구가 충족되면 상위의 욕구를 원하게 된다고 주장했지만, 발전된 이론에서는 다섯 가지의 욕구가 위계적으로 움직인다기보다 개인의 기질과 환경에 따라 각각의 가치가 다르므로 욕구의 중요성을 두는 데에도 개인차가 있다고 여깁니다. 모든 욕구들이 중요하지만, 이 다섯 욕구들 중에 가장 중요한 욕구가 뭐라고 생각하시나요? 저는 안전욕구라고 생각합니다. 의식주를 충족시키고 사회적으로 수용돼 인정받으며 자아실현을 하고자 하는 욕구들 모두 '심리적 안전'을 위함이라 여겨집니다.

　우리가 가장 안전할 때는 언제일까요? 아마도 엄마 뱃속이 아닐까요? 엄마 뱃속에 있을 때는 완벽한 환경이 이미 주어져 있기 때문에 욕구라는 자체가 필요하지 않을 겁니다. 태아와 탯줄이 연결돼 있어 자기와 환경이라는 개념이 없기 때문입니다. 하지만 태어나는 순간, 우리는 가장 안전한 공간으로부터 분리돼 자신의 마음과는 다른 환경을 알아차리게 됩니다.

본인이 스스로 노력하지 않으면 아무것도 얻을 수 없기에 '욕구'라는 마음의 에너지가 생깁니다. 이런 욕구는, 이제 다시는 태내의 환경으로 돌아갈 수 없다는 근본적인 불안감에서 시작하기 때문에 불안이 우리 존재의 가장 본질적인 감정이라고 할 수 있습니다. 본인이 나이나 상황에 따라 선택한 어떤 욕구들이든, 우리 곁을 늘 따라다니는 불안을 극복·해결하고자 하는 욕구일 수 있습니다. 그 욕구를 스스로 채워서 안전을 찾아 유지하는 과정을 삶이라고 말할 수도 있겠습니다. 욕구는 우리의 반응과 행동을 이끄는 근본적인 에너지이며, 그 욕구들 중의 핵심이 바로 안전에 대한 욕구라고 감히 주장하고 싶습니다.

사람이 모여 이뤄진 회사에도 여러 욕구들이 존재합니다. 회사도 우리와 마찬가지로 살아 움직이는 조직이며, 다양한 회사의 욕구들이 채워지기 위한 핵심 욕구 또한 '안전 욕구'라고 생각합니다. 우리가 '안전'하다고 느낄 때, 일에 대해 객관적으로 바라볼 수 있고 니어 미스(Near Miss)나 안전사고에 대한 솔직한 소통이 가능하며, 회사에 소속감을 느끼고 의욕적으로 일을 할 수 있을 겁니다. 당연히 안전을 통해 매슬로우의 최상위 욕구인 자아실현도 가능하게 될 겁니다.

안전은, 개인의 모든 욕구를 관통하며 회사에 존재하는 모든 욕구의 핵이라고 생각합니다.

? 돌발 퀴즈

매슬로우의 욕구위계이론에서 편견 없이 받아들이는 성향, 타인과 거리를 유지하며 사생활을 즐기거나, 창의적 성격으로 봉사를 하거나, 특별히 좋아하는 사람과 긴밀한 관계를 유지하려는 인간의 욕구에 해당하는 것은?

① 생리적 욕구　　　② 사회적 욕구
③ 자아실현의 욕구　④ 안전의 욕구

답: 3번

'안전'이란 말이 왜 불편하지?

　오늘은 안전심리 교육이 있는 날입니다. 어느새 정규과정으로 당당하게 자리 잡은 안전심리 시간을 보면 어찌나 뿌듯한지 모르겠습니다.
　참 이상한 일은, 안전교육이라 함은 자신의 안전을 위한 교육이니 고맙고 기쁜 마음으로 수강해야 할 것 같은데 실상은 그 반대라는 겁니다. 교육생들의 다소 긴장한 얼굴을 보면 필수 교육이기에 억지로 받으러 온 듯한 사람이 많습니다.

　다행히 교육 수강자들의 대부분이 남자이며 저를 제외한 강사들도 모두 남자들이기에 안전심리 교육은 일단 유리한 고지에 놓여있습니다. 콘셉트가 독보적이라 인기가 많은 편이며, 교육생들의 주의 집중도도 상당히 높아서 강의가 즐겁습니다.
　저를 처음 보는 사람들은 '안전교육에 저 사람이 왜 들어왔나?' 호기심 반 의심 반으로 쳐다봅니다. 저 역시 처음에는 굉장히 긴장했었습니다. 교육생 중에는 신입사원도 있지만 대부분이 산업현장에서 오랫동안 일해온 전문가들이었으므로 그 앞에서 안전에 대한 교육을 한다는 게 보통 부담이 아니었기 때문이죠. 여러 해가 흐르면서 지금은 안전심리 교육에 대한 필요성을 절실히 느끼는 바, 불안과 죄책감이 많이 줄어들었다 해도 여전히 안전심리 교육은 만만치 않습니다. '혹시라도 직원들의 마음을 편하게 해줘야 할 의무가 있는 상담사가 자칫 부담을 안기지는 않을까?' 하는 염려도 있고, 안전에 있어 심리학이 얼마나 중요한지 꼭 알리고 싶어서 나 자신에게도 중요한 교육이기 때문입니다.

그렇다면 도대체 왜, '안전'이라는 단어만으로도 직원들은 마음이 불편해지고 긴장되는 걸까요? 여러 버전의 안전심리 교육을 실시하다 보면, "상담사님, 이 제목 좀 바꾸면 안 됩니까? 안전심리라 하니까 처음엔 뭔지 몰랐다니까요. 다른 안전교육들하고 비슷한 줄 알았죠. 이런 내용인줄 알았으면 진작에 받았을 텐데…. '안전심리'라 하니까 왠지 불안해요."라는 애정이 듬뿍 담긴 불평을 듣기도 합니다.

"그렇다면 뭐라고 강좌명을 바꾸면 좋을까요?"

"마음 다독이기, 서로 알아보기, 마음 지킴이, 마음 수련…?"

인터넷에 '안전교육'을 검색해보니, '각종 위험 요소에 대한 정보를 제공하고 안전확보 및 사고예방을 위한 법정의무 교육이다. 인명 및 재산을 위험 요소로부터 보호하기 위해 안전 관련 훈련 및 교육을 받아야 한다.'라는 내용이 나옵니다. '위험, 사고예방, 법정의무, 위험 요소로부터 보호'라는 표현이 무겁게 들립니다. '안전'이라는 단어에 부정적인 이미지가 자동으로 떠오르다보니, 안전교육 역시 즐거운 마음으로 임하게 되지 않는 모양입니다.

우리 대부분은 '안전하다'라는 느낌을 예상대로 일이 돼갈 때 받습니다. 그러나 실제로 일이 예상대로 되고 있을 때는 안전하다고 인식하지 못합니다. 건강할 때에는 몸에 주의를 기울이지 않다가 목감기라도 걸려 불편해지면 목에 신경을 쓰게 되는 것과 비슷합니다. 마찬가지로 평소 우리가 얼마나 일을 잘 하고 있는가에는 주의를 집중하지 않습니다. 그럴 필요가 전혀 없으니까요. 뭔가 잘못되거나 사고가 났을 때 위험을 감지하고 나서야 안전하지 않음을 인식하게 됩니다. 그래서 아마도 안전관리의 초점이 잘되는 일을 유지해나감보다는 잘못돼가는 일을 예방하거나 막는 것에 맞춰져 있음으로써,

'안전교육' 하면 사고나 부정적인 경험을 떠올리게 돼 우리도 모르게 긴장하나봅니다.

? 돌발 퀴즈

피안전교육자의 심리상태를 이해하기 위한 내용과 거리가 먼 것은?

① 긴장감을 제거해줄 것 ② 교육자의 입장에서 가르칠 것

③ 안심감을 줄 것 ④ 믿을 수 있는 내용으로 쉽게 가르칠 것

답: 2번

위험에서 벗어나게 하는 게 안전심리?

현재의 안전관리 관점에서 생각하면, 안전심리란 '사람에게 영향을 미치는 각종 위험 요소에 대한 정보를 제공해 안전을 확보하고 사고를 예방'하는 데 도움을 주는 분야로 정의할 수 있을 겁니다. 그렇다면, 사람에게 영향을 미치는 각종 위험 요소에는 어떤 것들이 있을까요? 유명한 산업재해 발생이론들을 통해 살펴보겠습니다.

하인리히(Heinrich, 1980)는 하나의 블록이 넘어지면 와르르 무너지는 도미노처럼, 하나의 단계에 문제가 생기면 나머지 단계들도 연쇄적으로 넘어지면서 사고를 촉발한다는 도미노 이론을 주장했습니다. 안전사고는 우연히 일어나는 게 아니라 여러 원인에 의해 필연적으로 발생한다고 봤습니다. 따라서 사고나 재해가 발생하기 전에 최대한 위험 요인을 제거하면 다른 쪽에서 문제가 발생하더라도 사고로 이어지지 않는다고 했습니다.

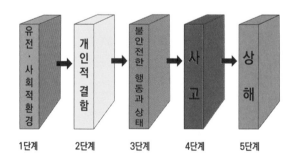

1단계는 유전적 요인과 성장 경로, 학습 경험과 같은 사회적 환경요인입니다. 2단계는 사고를 유발하기 쉬운 성격이나 부주의 등의 태도적 결함 등과 같은 개인적 결함으로 흔히 '휴먼에러'라고 합니다. 3단계는 안전사고의 집적적인 원인이 되는 불안전 상태, 불안전한 행동입니다. 이는 교육이나 훈련을 통해 개선할 수 있다고 봐, 안전관리의 핵심단계라고 볼 수 있습니다. 이처럼 도미노 이론에 의하면 유전·사회환경적 요인, 휴먼에러, 불안전한 행동과 상태를 위험 요소로 볼 수 있습니다.

버드와 제르맨(Bird&Germain, 1985)의 수정된 도미노 이론에서도 사고를 일으키는 주요 요인으로 불안전한 행동과 상태를 들지만, 더욱 기본적인 원인을 안전관리의 문제로 강조합니다. 그들은 위험 요소를 인간(Man), 기계(Machine), 작업(Media), 관리(Management)의 4개 위험 요소(4M)로 정의했습니다.

사고의 원인에 있어 하인리히가 개인에게 초점을 맞췄다면, 수정된 도미노 이론에서는 개인보다 조직적인 관리 부분을 안전관리의 핵심으로 봤습니다.

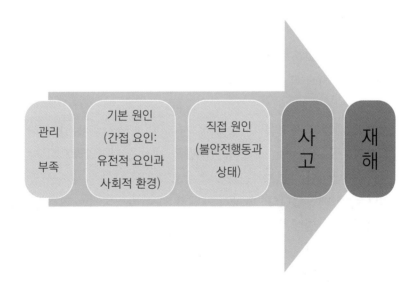

마지막으로 리즌(Reason, 2007)의 스위스 치즈 모델을 살펴보겠습니다. 신기하게도 힘든 일들은 한꺼번에 몰려오는 경향이 있습니다. 우리가 어려운 상황에 놓였을 때는 하나의 일 때문에 힘겨워하는 게 아닐 겁니다. 건강도 나빠졌는데 경제적인 어려움이 겹치고 인간관계에 문제가 생기는 등 여러 문제가 몰려 스트레스가 극도에 달하고 마음에 상처를 입게 됩니다.

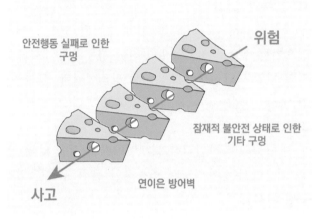

막대기로 구멍이 숭숭 뚫린 치즈들을 통과시키다 보면 처음에는 쉽게 구멍을 통과하지만 어느 치즈에서 막히게 될 겁니다. 모든 치즈 구멍을 동시에 통과하는 것은 확률적으로 아주 낮은 일이기 때문입니다.

사고나 재해는 사고를 낸 당사자, 사고 발생 당시의 불안전행동, 불안전행동을 유발하는 상태와 관리감독 등이 동시다발적으로 발생할 때 일어납니다. 다양한 문제들이 상호작용해 사고나 재해를 발생시킨다는 게 핵심입니다. 따라서 재해가 자주 발생하지는 않겠지만, 구멍이 딱 맞아떨어지는 그 시점엔 무너져 내리는 도미노처럼 재해가 발생할 수밖에 없다는 겁니다.

이상의 세 가지 이론으로 정리해보면 사고나 재해를 일으키는 위험 요소는 "조직적인 관리, 개인의 유전적 요인과 사회적 환경, 휴먼에러"라고 할 수 있습니다. 위험의 모든 요소들이 사람과 직접적인 연관이 있으며, 사람을 연구하는 학문이 바로 심리학이니 산업현장에 심리학의 등장은 자연스러운 일이겠지요?

? 돌발 퀴즈

하인리히의 재해발생과 관련된 도미노 이론으로 설명되는 안전관리의 핵심단계에 해당되는 요소는?

① 외부 환경   ② 개인적 성향
③ 재해 및 상해   ④ 불안전한 상태 및 행동

답: 4번

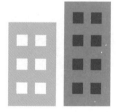

안전심리란, 과학적으로 행복을 증진하는 과정

안전심리는 산업 및 조직 심리학의 한 분야로, 안전학과 심리학의 융합학문입니다. 안전관리의 물리적 요인이 한계에 다다르면서 재해예방을 위해서는 인간행동의 유발 요인에 대한 대처가 필요하다고 인식돼 인간을 연구하는 심리학이 안전에 도입됐습니다.

미국의 메이요(E. Mayo) 교수를 주축으로 호손공장에 실시한 호손실험은 산업체의 생산을 좌우하는 요인이 인적요인임을 밝힘으로 1차 세계대전 전후 성립된 산업심리학 연구에 박차를 가해줬습니다. 메이요 교수는 시카고에 있는 호손공장에서 생산성과 조명의 효과를 규명하기 위한 실험을 했습니다. 결론은 생산성에 대한 영향력에 있어 조명과 같은 작업의 물리적 측면보다 인간적인 요소가 더 크다는 사실이었습니다. 그 후로 여러 연구자들의 금속 공장과 항공기 공장에서의 연구결과에서도 물리적 작업보다는 집단 내의 승인 및 인정과 같은 인적요인들이 생산성 향상에 중요하다는 결론이 나왔습니다. 호손실험과 여러 연구자들의 결과물들은 인사제도, 직무효율, 동기, 리더십, 의사소통 등의 인적요인에 대한 심리학 연구의 기반을 세워줬습니다.

산업심리학은 우수한 직원을 선발하거나 배치하고, 의사소통을 개선하거나 직무효율을 향상시키는 등 조직의 내무 문제를 해결하는 데 사용되고 있으며, 안전심리학은 사고예방을 위한 산업 및 조직심리학의 한 분야로 발전하고 있습니다.

안전심리학이 좁은 의미로는 재해예방을 위해 인간을 연구하는 학문이라고 말할 수 있지만, 사고에 영향을 미치는 인간의 요소는 간단하지 않기 때문에 실제로는 심리학이 연구하는 모든 영역이 안전심리의 분야에 응용될 수 있다고 생각합니다. 안전심리학의 분야는 정말 무궁무진합니다. 앞에서 언급한 안전에 위험을 미치는 요소들을 중심으로 간단히 살펴봐도 인간의 특성(휴먼에러를 위주로 한)에 대한 연구, 개인적 특성에 대한 연구, 문화와 조직에 대한 연구, 집단관리를 위한 의사소통과 리더십, 인사관리, 안전 보건교육, 스트레스 관리 등등 나열하게 힘들 정도입니다.

참! 한 가지 꼭 말씀드리고 싶은 점은 심리학은 과학이라는 겁니다. 지금이야 많이 나아졌지만, 아직도 심리를 공부했다고 하면 '내 마음을 맞춰봐~' 하는 분들이 많습니다. 저에게 사람의 마음을 들여다 볼 수 있는 초능력이 있다면 얼마나 좋겠습니까마는, 그런 능력은 일절 없습니다. 저에게 안전심리를 한 문장으로 말해달라면

"안전심리란, 인간의 행동을 과학적으로 관찰해 안전한 행동을 끌어낼 뿐 아니라 안전하게 행복한 삶을 누리게 하는 모든 과정"이라 하겠습니다.

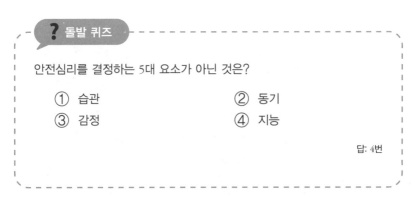

? 돌발 퀴즈

안전심리를 결정하는 5대 요소가 아닌 것은?

① 습관　　　　② 동기
③ 감정　　　　④ 지능

답: 4번

2장

휴먼에러

주의하면 정확히 볼 수 있을까?

"이 그림을 처음 보시는 분?"

아마도 처음 보는 사람은 없을 겁니다. 대한민국의 정규 교육과정을 거친 사람이라면 한 번 이상은 다 봤을 그림이니까요. 지금까지 이 그림을 정말 처음 본다는 사람이 딱 한 명 있었는데, 어떤 사연인지는 모르지만 속세를 떠나 은둔 생활을 하시던 분이었답니다. 그럼, 99% 이상의 사람들이 다 아는 이 그림에 대해 질문하겠습니다.

"두 선분의 길이가 어떻게 보이나요?"

다들 심드렁합니다. 지겹다는 표정이 다 드러납니다. 그 중 강사에 대한 배려가 있는 사람은 마지못해 대답합니다.

"아, 그거 길이는 같은데 착시현상인가 뭔가 하는 것 때문에 밑이 길어 보이는 거잖아요."

"그럴까요? 입장을 바꿔 생각해볼까요? 여러분이 저라면 모두가 다 알고 있는 문제를 가지고 왔을까요? 그렇다면 사람의 심리를 공부했다는 사람이 너무 성의가 없는 건 아닐까요?"

잠시 침묵의 시간…. 드디어 남들이 '예스(yes)' 할 때, '노(no)'하는 사람이 나타납니다.

"에이, 난 위가 길게 보이는데~"

"정말요?" 그 분께 가까이 다가가 말합니다.

"제 눈을 바라보며 진실을 말해보세요. 아직도 위가 길어 보이나요?"

그러면, 십중팔구 눈동자가 이리저리 방황하다가 사실은 아래가 길어 보이는데 자꾸 물어보니까 한 번 해본 소리라고 합니다.

"그렇죠. 아래가 길어 보이죠? 위가 길다고 하시는 분들은 세 가지 유형 중의 하나일 수 있어요. 아직도 숙취로 고생하시거나, 삐딱하게 나가고 싶으시거나, 사람이 아니거나에 해당하는 사람이죠. 이제 보이는 것 말고 사실이 뭘지 맞춰보세요."

"진짜로 밑이 길구만, 자세히 보니깐~"

"보이기도 아래가 길고 실제로도 아래가 길다고요? 아닙니다."

"위가 길어요."

"정답!"

위의 그림을 보면, 정상적인 눈을 가진 사람이라면 주의해서 잘 봐도 착시현상으로 밑이 길어 보입니다. 한 눈에 딱 봤을 때 위가 길어 보인다면 사람이 아닙니다. 외계인이거나 AI 일수도(웃음)…. 하지만 위 선분의 길이가 긴 게 사실입니다. 우리가 원래 봤던 그림은 아래의 그림입니다. 선분의 길이는 같은데 화살표의 방향 때문에 위의 선분이 길어 보이는 착시현상을 일으키는 거죠.

　그림을 보여드리는 이유는 세 가지입니다. **첫째는 사람이라면 죽는 순간까지 휴먼에러와 함께 살 수 밖에 없습니다. 두 번째, 휴먼에러는 우리의 생각보다 심각하다는 겁니다.** 똑같은 길이를 착시현상으로 다르게 착각하는 정도가 아니라 더 짧은 길이조차 주변의 환경에 의해 길다고 지각합니다. **마지막은 교육의 효과에 대한 부분입니다.** 다음 장에 이어서 하나씩 살펴보도록 하겠습니다.

스트레스가 사람들에게 미치는 영향

앞의 착시 그림을 현장이라고 가정해봅시다. 사람이라면 당연히 아래의 선분이 짧다고 봅니다. 그런데 누군가 화를 내며 말합니다. "아니, 눈이 삐었나? 어떻게 같은 길이를 못 봐. 자, 봐. 똑같지? 정신 차리고 보라고! 집중하라고, 집중!" (아무리 봐도 위가 길다….)

우리의 일상생활 속 현장, 산업현장들은 완벽히 통제되지 못합니다. 때로는 그림처럼 당연히 실수를 범할 수밖에 없는 상황일수도 있습니다. 그 어떤 누구라도, 아무리 집중을 해도 착시현상에서 벗어나기는 힘듭니다. 그런 상황에서 착시현상을 느꼈다고 화를 내며 원인을 그 사람의 부주의한 태도로 돌려도 될까요?

지금부터 스톱워치를 준비하고 (스마트폰을 이용하면 편리합니다) 아래의 글자들을 가로로 마지막 줄까지 소리 내어 읽는 시간을 재 보세요.

빨강 초록 파랑 초록
빨강 파랑 빨강 파랑
초록 파랑 초록 빨강
초록 파랑 빨강 파랑
빨강 초록 빨강 초록

15초를 넘어가나요? 무슨 말인지 알아들을 수 없이 빠르게 말하면 5~6초가 나오기도 하고, 세월아 네월아 게으름피우며 읽으면 15초가 나오기도 하지만, 대개 7~12초 정도 걸렸을 겁니다. 이번엔 글자의 색깔을 읽는 시간을 재 보세요. 예를 들어 첫 글자 '빨강'의 색깔이 파랑이라고 해서 빨강으로 읽는 게 아니라, 파랑이라고 소리 내 말합니다.

빨강 초록 파랑 초록
빨강 파랑 빨강 파랑
초록 파랑 초록 빨강
초록 파랑 빨강 파랑
빨강 초록 빨강 초록

혹시라도 색깔 글자를 흑백 글자보다 더 빠르게 읽은 사람이 있나요? 평균적으로 흑백글자를 읽는 데 비해 색깔글자를 읽는 시간이 1.5배 이상인 15~25초 정도 걸리더라고요. 미국의 심리학자 존 리들리(John Ridley Stroop)는 1935년, 다음과 같은 실험을 고안해냈습니다.

1. 색깔을 나타내는 단어들을 검은색으로 쓴 뒤 실험자들에게 읽게 한다.

[빨강 노랑 파랑]

-〉 실험자들은 지체되는 시간 없이 단어를 읽었다.

2. 색깔을 나타내는 단어에 그 단어와 상관없는 색을 입힌 후, 실험자들에게 단어에 입혀진 색깔을 이야기하라고 한다.

[초록 보라 빨강]

-〉 실험자들이 단어의 색깔을 말하는 데 단어를 그대로 말하는 것보다 많은 시간이 걸렸다.

문명화된 사람들은 단어의 의미를 읽는 행위에 익숙합니다. 이런 행위는 오랜 경험을 통해 익숙해졌기 때문에 빠르고 쉽게 수행할 수 있습니다.

　　그러나 단어의 의미가 아닌 색깔 그 자체를 읽는 행위는 단어를 읽고자 하는 습관을 자제하고 의식적으로 수행해야 하므로 시간이 지체될 수밖에 없습니다. 단어의 의미와 글자의 색상이 일치하지 않는 조건에서 색상을 말하는 반응속도가 늦어지는 현상을 '스트룹 효과(Stroop effect)'라고 합니다. 좀 더 넓게 말하자면, 주의를 기울인 자극의 정보처리가 주의를 기울이지 않은 자극에 의해 방해받는 현상을 말합니다. 우리는 주의를 기울이지 않은 자극들에 둘러싸여 자신도 모르게 행동에 영향을 받습니다. 자극들은 물리적인 요소도 있지만 심리적인 요소들도 있습니다.

　　[빨강 노랑 파랑] 상황을 스트레스 자극이 없는 평온한 상태라고 한다면, [초록 보라 빨강] 상황은 스트레스 자극이 많은 상태라고 할 수 있습니다. 평소에 성실하고 꼼꼼했던 직원도 [초록 보라 빨강] 상황에서는 당연히 집중이 안 되고 업무효율이 저하될 수밖에 없을 겁니다. 보통의 사람이라면, "왜 그럴까? 원래 그런 사람이 아닌데~" 의아해하며 말을 걸어보고, 상황을 이해하도록 노력할 겁니다. 때에 따라서는 당분간 위험한 환경이나 업무를 하지 않도록 신경을 쓸 수도 있습니다. 문제는 이 넓디넓은 세상에 천차만별의 사람들이 존재한다는 겁니다.

? 돌발 퀴즈

인간의 심리 중 안전수단이 생략되면 불안정 행위를 나타낸다. 다음 중 안전수단이 생략되는 경우가 아닌 것은?

① 의식과잉이 있을 때　　　② 작업규율이 엄할 때

③ 주변의 영향이 있을 때　　④ 피로하거나 과로했을 때

답: 2번

사람은 모두 제각각이다

　20대에 웩슬러 지능검사(Wechsler Scale of Intelligence)를 처음 받았는데, 아주 실망스러웠습니다. 중학교 때 학교에서 실시했던 아이큐 검사에서는 제법 좋은 수치가 나왔는지 선생님으로부터 "넌 머리에 비해 노력을 덜 하는 것 같다, 공부 좀 해~"라는 말을 들었기에 제가 머리가 꽤나 좋다고 착각하며 살고 있었거든요. 그런데 성인이 돼 받아본 웩슬러 지능검사의 지수는 118이었습니다. 중상 범위의 결코 나쁜 점수가 아니었는데도 제 머리에 대한 자만심을 포기하느라 무척이나 기분이 상했던 기억이 납니다(웃음).

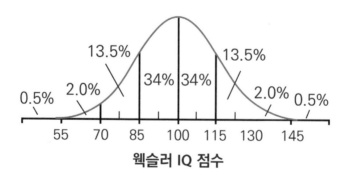

IQ의 경우에, 지능지수가 85~115로 나온 사람들이 가장 많고 130이상인 경우는 2.5% 정도가 나온다고 합니다. 이런 정상분포곡선은 독일의 가우스(Gauss)라는 학자가 "오차가 얼마나 될까?"에 관한 연구를 통해 발표했는데, 분포곡선 중 가장 많이 통계적 모형으로 사용됩니다.

자연에서 일어나는 대부분의 현상은 정상분포곡선과 유사합니다. 대한민국 성인남자의 키, 몸무게 등도 정상분포곡선을 이룬다고 알려져 있습니다. 평균치에 해당하는 인원수가 제일 많으며, 평균치로부터 멀어질수록 인원수는 점점 줄어듭니다.

스트룹 효과의 영향이나 스트레스 취약성 정도를 정상분포곡선으로 생각해봅시다. 보통의 사람들(68.26%)이 공감할 수 있는 방해 자극(환경의 영향)이나 정서적 고통(스트레스, 슬픔)을 소수의 사람들은 이해하지 못할 수도 있습니다. 분포곡선 극단에 존재하는 정서에 아주 둔감한 사람들이나 집중력이 극도로 높은 사람들이 있기 때문입니다.

여러분이 앞서 체험했던 스트룹 검사에서 글자를 읽는 시간과 글자의 색을 읽는 시간이 똑같은 사람이 있었습니다. 만약, 글자를 대~충 읽어서 15초가 걸리고, 색을 읽는 시간도 15초였다면 이해가 됩니다. 이건 불성실하게 수행을 한 태도의 문제이니까요. 그런데 그의 수행속도는 둘 다 7초였습니다. 엄청 빨랐습니다. 한마디로 집중력과 자제력이 엄청난 사람이었습니다. 마음만 먹으면 안 될 게 없다는 신념이 강한 사람이었죠. 당연히 회사에서도 인정받고 승승장구로 빠르게 승진할 수 있었습니다.

자신에게 주어진 업무에 대해 신속하고 정확하게 처리해내니까 인정을 받는 것은 당연합니다. 문제는 관리자가 되면서 남보다 뛰어난 집중력, 추진력, 강한 신념 등의 장점이 단점으로 작용하기 시작했다는 겁니다. 그의 기준에서 보면 보통 사람들의 수행이 이해가 안 됐던 겁니다.

"집중력이 저렇게 떨어져서야 효율이 생기겠어?"

"작은 스트레스 하나 이겨내지 못하고 저렇게 나약해서야 어디에 써먹을 수 있을까? 글러먹었군."

당연히 실수할 수밖에 없는 상황에서의 휴먼에러를 오직 정신 차리지 않은 결과라 생각하질 않나, 누구라도 힘들만한 상황을 전혀 이해해주지 못하면서 나약하다고만 지적했습니다. 그래서 직원들은 억울함을 느끼고 아무리 잘해도 칭찬받지 못하는 상황을 경험하면서 의욕을 떨어뜨리게 됐습니다. 자신들을 이해하지 못하는 상사가 무서워서 피하게 되고, 심지어는 미워하기도 했습니다. 그의 일이 혼자서 연구를 하는 일이라면 모를까, 본의 아니게 주변 사람들에게 피해를 끼치게 된 겁니다. 본인 역시 억울합니다. 자신은 잘 해보려고 했는데, 직원들이 자신을 피해 다님으로써 소외감을 느끼니 뭘 잘못했는지 이해가 되지 않습니다.

안전을 위한 관리 측면에서도 휴먼에 대한 기본 지식이 없으면 본의 아니게 오해를 하게 되니, 관리자들의 안전교육에 휴먼에러와 인간의 특성에 대한 안전심리 교육이 꼭 들어가야 하겠죠?

? 돌발 퀴즈

일 중심형으로 업적에 대한 관심은 높지만 인간관계에 무심한 리더십의 타입은?

① 의상형   ② 권력형

③ 방임형   ④ 중도형

답: 2번

생각보다 심각한 휴먼에러

앞서 착시 그림을 제시한 두 번째 이유에 대해 나눠 보겠습니다. 똑같은 길이인데 주변의 자극에 의해 한 쪽이 길어 보인다거나 하는 착시현상에 대해서는 모두가 알고 있지만, 별로 심각하게 여기지 않습니다. 우리의 감각은 똑같은 길이를 다르게 착각하는 정도가 아니라, 주변의 환경에 의해 더 짧은 길이조차 길다고 지각한다는 겁니다. 그리고는 자신의 경험이 진실인 양 믿어버립니다. "내가 들었다니까, 봤다니까, 만졌다니까, 먹었다니까…. 확실해!" 하지만 경험이 자신에게는 진실이지만 사실이 아닐 수도 있습니다.

한 번은 이런 일이 있었습니다. 무더위가 한창인 여름 오후 2시에 교육을 시작했습니다. 제철소 내 현장교육이었기에 근무하다 그대로 온 사람들이 대부분이었습니다. "아래의 선분이 위의 선분보다 길어 보이지만 실제로는 짧습니다."라고 했더니 한 사람이 "더워죽겠는데 뭔 말도 안 되는 소리냐?" 하면서 짜증을 냈습니다. 그리고 갑자기 앞으로 나오더니 마침 지니고 있던 측정도구로 길이를 재보는 것이었어요. 고개를 갸우뚱거리면서 "허허, 희한하네…. 분명히 아래가 긴데 3cm 정도 짧네…."라며 몇 번이고 이리 보고 저리 봤습니다. 물론 그 후로 강사에 대한 신뢰가 하늘을 치솟아 해가 서쪽에서 뜬다고 해도 믿겠더라고요(웃음).

자신의 눈으로 보고 믿었던 정보들이 사실이 아님을 인정한다는 건 쉬운 일이 아닙니다. 특히나 매일 마주하는 일상의 산업현장은 내 머릿속에 저장이 돼 있어서 사소한 변화를 느끼지 못하고 본래 완성된 그림으로 인식하는 경우가 많습니다.

게슈탈트 심리학에 따르면 전체(Gestalt)는 부분의 단순한 합이 아닙니다. 게슈탈트 심리학자들은 지각의 조직화, 즉 어떻게 작은 요인이 더 큰 요인으로 분류되는지를 설명하기 위해 법칙을 개발했습니다. 우리가 전체를 지각하는 이 근본적인 법칙을 독일의 심리학자 M. 베르트하이머(M. Wethdimer)는 '게슈탈트 법(Gestalt Laws)'이라고 했습니다. 그것은 우리가 자신의 경험을 조화롭고, 규칙적이고, 체계적이고, 단순한 방식에 따라 지각하는 경향이 있다는 겁니다.

1. 유사성의 법칙: 사람은 집중하기 위해서 가장 간단하고 안정적인 형태를 선택한다. 이 법칙이 정사각형, 원, 삼각형 등 가장 기본적인 모양의 중요성을 강조해 유사한 시각 요소들이 연관돼 보인다는 법칙이다.

2. 근접성의 법칙: 두뇌는 멀리 떨어져 있는 두 물체보다는 서로 근접해 있는 물체들을 밀접하게 연관시킨다는 내용이다. 가까운 거리에 있는 형태일수록 집단화되는 형상을 말한다.

3. 연속성의 법칙: 뇌는 갑작스럽거나 급격한 움직임의 변화를 좋아하지 않고 가능한 한 선의 부드러운 연속을 추구한다는 법칙이다. 이는 그림의 일반적인 선이거나 서너 개의 물체가 모여서 형성한 선일 수 있으며 진행되는 방향에 따라 자연스럽게 연결되는 형태를 선호한다.

4. 공동 운명의 법칙: 배열이나 성격이 같은 것끼리 집단화돼 보이는 법칙이다. 보는 사람은 같은 방향의 하늘을 지향하는 다섯 개의 화살이나 모아진 다섯 개의 손가락이 모두 동일한 방향을 가리키므로 정신적으로 같이 분류한다.

5. 폐쇄성: 벌어진 도형을 완결시켜 보이려는 법칙을 말한다. 불완전한 형이나 그룹들을 완전한 형태나 그룹으로 완성시키려는 경향이 있다는 것이다.

베르트하이머는 지각심리학과 관련된 위의 다섯 가지 원칙을 제기했습니다.

우리가 아무리 잘 보고 확실히 들었을지라도 우리의 눈, 코, 귀, 입, 손으로 들어온 정보들은 100% 정확하지 않습니다.

야간 뺑소니 차량에 대해 목격자가 나타났는데, 밤이다 보니 차 색깔을 다르게 봐서 오히려 수사에 방해가 되는 경우도 있고, 하나의 사건에 대한 증인들의 서로 다른 진술들을 봐도 우리의 감각기관에 대한 무조건적 믿음은 위험합니다.

나의 경험이 '팩트'가 아닐 수도 있음을 고려할 때, 예상과 다른 결말과 타인의 생각이나 주장을 받아들이기가 쉽습니다.

? 돌발 퀴즈

위치, 순서, 패턴, 형상, 기억오류 등 외부적 요인에 의해 나타나는 것은?

① 메트로놈   ② 리스크테이킹
③ 부주의   ④ 착오

답: 4번

교육 이대로 괜찮을까?

착시그림을 보여드린 마지막 이유, 휴먼에러를 예방할 수 있는 방법에 대해 생각해보는 시간을 갖겠습니다. 어떻게 하면 "휴먼에러를 예방할 수 있을까요?"라는 질문에는 가장 많이 나오는 대답이 "교육이요~"입니다. 그렇죠. 교육을 통해 휴먼에러에 대해 잘 알고 있으면 주의해서 막을 수 있다는 논리입니다. 아주 긍정적이고 적극적인 대답이라 우선은 기분이 좋습니다.

그런데 교육의 효과는 초반과 달리, 시간이 지날 수록 떨어집니다. 이미 숙지한 정보이기 때문이죠. 태도가 산만하거나 동기 부족이어서가 아니라 똑똑한 뇌로 인해 자연스럽게 주의가 저하됩니다. 우리의 뇌는 대단히 경제적으로 인지적인 절약가입니다. 수많은 자극들을 모두 받아들이면 뇌에 과부하가 걸리겠죠. 그 많은 자극들을 다 받아들일 수 없으니 선택적으로 자극을 수용할 수밖에 없습니다.

그렇다면 우리는 어떤 정보들에 주의를 기울일까요? 좋아하는 것, 생존에 반드시 필요한 것, 완전히 새로운 것 등이겠죠? 제가 그림을 제시했을 때 사람들의 표정은 "뭐야, 저거….."였어요. 이미 아는 정보였기 때문에 주의하지 않죠. 대충 봅니다. 보는 척 합니다. 오히려 문명을 접하지 않은 원시인들이나, 유치원생들에게 이 착시그림을 보여주면서, "길이가 어떻게 보여요~?" 물어보면 착시현상에 관해 모르기 때문에 직접 재보거나 하는 방식으로 사실을 알아낼 확률이 높습니다.

우리는 문명인이고 교육을 많이 받았기 때문에 오히려 정확하게 보는 것에 실패할 확률이 높습니다. 안전의 첫 걸음은 정확하게 보는 거지만, 우리는 아는 게 많아서 대충 보게 됩니다. 우리가 일하고 있는 현장에서도 마찬가지라 생각합니다. 같은 장소, 일정한 시스템, 늘 접하는 것들이 익숙하기에 확인했지만 제대로 된 확인이 아니었던 상황이 될 수 있습니다. 익숙하기에 오히려 위험한 환경인 겁니다. 교육은 분명 긍정적인 효과를 더 많이 내지만, 오히려 교육으로 인해 방심하게 될 수도 있습니다. 물론 우리는 망각의 동물이기에 같은 내용의 교육이 정기적으로 필요합니다. 하지만 이미 각인돼 있는 정보들을 지속적으로 입력시키는 건 지루할 뿐입니다. 이는 형식적인 보여주기식 교육이 될 수도 있습니다.

안전교육의 3요소에 교육방법이 들어가지는 않습니다. 교육방법이 안전교육에 있어 필요충분조건은 아니지만, 법적으로 안전교육이 반드시 행해져야 하는 시스템 하에서 어떻게 효과적으로 교육할 것인가에 대한 고민이 필요하다고 생각됩니다.

안전교육이 정착돼 있는 안정적인 회사와 이제 막 시작한 신생 회사의 안전교육이 동일하게 이뤄지는 게 과연 적절할까요? 안전기초교육은 기본으로 실행해야 하지만, 수없이 들은 안전교육을 다시 되풀이하기보다는 한 번을 하더라도 효과가 있도록 진행하는 게 중요합니다. 어차피 해야 할 안전교육이라면, 회사·개인별 맞춤으로 다양하게 이뤄졌으면 좋겠습니다.

내 옆 사람이 바로 생명의 은인

휴먼에러를 예방하기 위해서는 교육만큼 중요한 방법이 또 있습니다. 바로 나의 옆 사람을 좋아하는 겁니다. 내 옆의 가족들, 동료들, 친구들 모두가 해당합니다.

아래의 그림에서 빨간 동그라미가 어디에 있는 것처럼 보이나요?

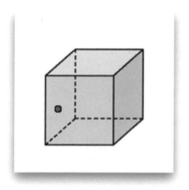

이 문제 역시 다들 알고 있죠? "측면에요, 맨 앞에 있어요."가 가장 많이 나오는 대답이고, "뒤쪽 하얀 벽면, 안쪽 공간에 떠 있어요."란 답도 종종 나옵니다. 자, 지금부터는 앞에서 나온 답들을 한번에 보려고 시도해보세요. 동그라미가 옆에도 있고, 뒤에도 있으며 가운데도 있고, 앞에도 있는 것을 동시에 보는 겁니다. 안 되죠? 시선이 잽싸게 왔다 갔다 할 뿐 동시에 보는 것은 불가능합니다. 그래서 피카소가 위대한 미술가인가 봅니다. 하나의 평면에 표현되는 그림은 우리의 시선과 같습니다. 이처럼 화가인 자신의 시선이 완벽하지 않음에 절망하던 피카소는 하나의 평면에 어떤 각도에서든 볼 수 있는 시선, 입체주의를 창조해낸 겁니다.

우리의 시선은 한 번에 하나밖에 보지 못합니다. 뇌의 정보처리 프로세스는 싱글채널이기 때문입니다. 동그라미가 앞에 있다고 보는 순간 뒷면의 점선은 잘 인식되지 않습니다.

내가 보지 못하는 걸 볼 수 있는 존재들은 다른 사람들입니다. 아무리 주의하고 조심해봤자 내가 볼 수 있는 채널은 하나입니다. 하지만 환경은 다른 여러 채널들로 구성돼 있기 때문에 혼자서 아무리 조심해도 안전한 채널은 오직 하나일 뿐입니다. 다른 채널들을 볼 수 있는 주변의 사람들이 없다면 나는 안전할 수 없습니다. 산업현장에서는 내가 보지 못하는 것들을 알아보고 '지적확인'해주는 '바로 옆의 동료야말로 생명의 은인'이라고 할 수 있습니다. 그런데, 이는 어찌됐든 지적입니다. 분명 나를 위해서 해주는 지적확인이건만 사람이 싫으면 그가 하는 말을 듣기도 꺼려집니다. 나도 모르게 귀를 닫아버리게 됩니다.

그러나 휴먼에러 예방에 가장 중요한 방법 중 하나는 지적확인입니다. 지적확인이 최상의 효과를 내기 위한 방법은 지적하는 사람을 좋아하는 겁니다. 달리 말해서 팀의 인간관계가 좋으면 휴먼에러 예방도 잘 될 겁니다.

마음의 여유가 필요해

　사람은 이기적인 동물입니다. 몸이 아프고 마음이 괴로우면 환경에 무뎌집니다.

> 자세히 봐야 예쁘다.
>
> 오래 봐야 사랑스럽다.
>
> 너도 그렇다.
>
> 나태주 – 풀꽃

　나태주 시인의 풀꽃처럼 뭔가를 자세히 보려면 관심을 가져야 하고, 오래 보려면 시간과 정성을 들여야 합니다. 마음의 여유가 있어야 주변 사람들에게 관심이 가고, 더불어 시간과 정성을 들이기 위해서는 많은 에너지가 필요합니다. 여유와 에너지를 가지기 위해서는 마음이 편하고 몸이 건강해야 합니다. 한 번 더 그림을 볼까요?

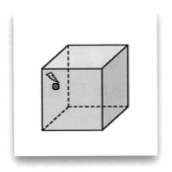

　앞서 봤던 그림과 지금의 그림에서 차이를 발견했나요? 안전의 첫 걸음은 잘 보는 겁니다. 없었던 게 하나 생겼습니다. 바로 번개의 등장입니다. 또 어떤 것들이 보이나요? 동그라미, 사각형, 점선, 하얀 바탕 등이 보이죠~?

　앞에서 우리의 뇌는 절약가라고 했습니다. 수많은 자극을 받아들이면 뇌에 과부하가 걸리므로 보고 싶은 면이나 중요한 내용에 집중하죠. 자신의 개성에 따라 보고 싶은 것을 봅니다.

　위의 그림을 산업 현장이라고 가정해봅시다. 그런데, 빨간 동그라미에서 사고가 발생했습니다. 빨간 동그라미는 관심의 대상이 됐고 전에는 동그라미, 사각형, 점선, 하얀 바탕 등 다른 부분들을 봤던 사람들도 우선적으로 빨간 동그라미에 주의를 기울이게 됩니다. 여기에다 사고의 주된 원인이 휴먼에러, 즉 '사람의 부주의나 실수에 의한 것이다'란 무의식적인 태도는 사고와 관련된 사람들의 심리를 더욱 위축시킵니다. 대부분의 사람들이 한층 마음이 경직된 상태로 한정돼 있는 주의와 에너지를 빨간 동그라미에 쓰게 되면서 안전했던 나머지 공간들이 허술해지는 상황이 발생할 수 있습니다.

　사고 발생 바로 그 지점에서 똑같은 사고가 발생하지는 않지만, 이상하게도 근접한 곳에서 비슷한 종류의 사고가 연이어 발생하곤 합니다. 이는 실제로는 같은 수준의 위험요인들이 현장 전체에 퍼져 있는데, 스위스 치즈 모델에서처럼 다양한 문제들이 하필이면 빨간 동그라미에서 만나 발생한 걸지도 모릅니다. 사고가 발생한 지점뿐 아니라 주변의 공간들도 언제 사고가 발생할지 모르는 불안전한 상태에 놓여 있습니다. 그렇기 때문에 사고가 나더라도 사고 발생 전처럼, 각각의 사람들이 봤던 나머지 여러 공간들에 주의와 에너지를 균등하게 쏟아 부어야 합니다. 그래야 전체적인 공간들을 안전한 환경으로 유지할 수 있습니다.

사고가 났다고 해서 갑자기 제도나 운영방식을 바꾼다거나 사람들의 마음을 위축시키고 불안하게 하는 조직의 분위기는 또 다른 사고의 원인이 될 수 있습니다. 그럴 때일수록 사고 조사는 철저하게 하되 무엇보다도 조직원들의 마음과 사기가 위축되지 않도록 배려하는 분위기가 더욱 중요하다고 생각됩니다.

? 돌발 퀴즈

"인간은 한 번에 많은 종류의 자극을 지각하거나 수용하기 곤란하다"라는 것은 주의의 특성 가운데 무엇을 설명한 것인가?

① 방향성   ② 집중성

③ 선택성   ④ 변동성

답: 3번

휴먼에러와 의도적 불안전행동의 차이

2017. 5. 1. 근로자의 날, 사상자 31명.

이번 사고 역시 기본적인 근무수칙도 지키지 않는 작업자들 등의 안전불
감증에서 비롯된 전형적 인재로 드러났습니다.

　사람의 실수 또는 부주의나 고의로 일어난 사고를 인재(人災, 인재
사고)라고 합니다. 위의 기사 내용을 보면 '사고에 대한 원인이 사람
에게 있다'라는 생각이 은연 중에 깔려있는 것처럼 보입니다. '이번
사고 역시'라는 말은 과거의 사고도 인재라는 내용을 포함하고, 그
냥 인재가 아닌 '전형적인 인재'라니! 도대체 전형적인 인재란 뭘까
요?

　안전불감증(安全不感症)은 '안전에 대한 의무를 느끼지 못하는 증
상'으로 풀이할 수 있습니다. 안전에 신경을 써야 하는데 무감각해
서 신경을 쓰지 않는다는 겁니다. 대체로 안전과 관련된 각종 규정
등을 무시하다가 최소화할 수 있었던 재난을 크게 키우는 사건에 사
용하는 용어입니다. 따라서 안전불감증이 사고의 주요 원인이라면
그 책임은 사고를 낸 당사자와 관리자에게 돌아가게 됩니다.

　사고의 원인을 우선적으로 휴먼에러, 즉 사람의 부주의나 실수로

여기게 되는 이유가 무엇일까요? 사고의 원인이 좀처럼 드러나지 않거나 확실하지 않을 때 가장 먼저 떠오르는 원인이 혹시라도 '휴먼에러'는 아닐까요? 마치 아파서 병원에 갔는데, 명확한 신체적 원인이 보이지 않을 때 '스트레스성 OOO'이라고 진단받는 맥락과 비슷하다고 할 수 있습니다.

그렇다면 작업자들 개인의 성격이 본래 독특하거나 문제가 있어서 안전에 대해 신경을 쓰지 않는 걸까요? 이렇게 기본적인 근무수칙을 지키지 않는 행동의 가장 큰 요인이 개인의 차이일까요?

원인 : 이유

안전모를 쓰지 않았다!

안전모를 쓰지 않아서 머리를 다친 근로자가 있습니다. 불안전행동의 원인이 안전모를 쓰지 않은 것으로 밝혀졌고, 작업 당시 규칙을 어긴 것은 그 근로자의 안전불감증에서 비롯된 것으로 보고됐습니다. 따라서 근로자의 기본적인 근무수칙을 강화하는 대책을 세웠습니다. 그런데 실상 근로자와 관리자는 지금과 다른 어떤 방식으로 근무수칙을 잘 지켜야 할지 모릅니다.

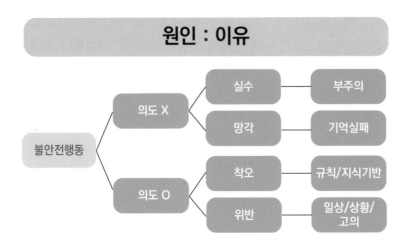

원인 : 이유

불안전행동
─ 의도 X ─┬─ 실수 ── 부주의
          └─ 망각 ── 기억실패
─ 의도 O ─┬─ 착오 ── 규칙/지식기반
          └─ 위반 ── 일상/상황/고의

　작업자가 안전모를 쓰지 않은 불안전행동의 원인에는 사람마다 다양한 이유가 있을 겁니다. 의도하지 않았지만 깜빡 잊어버리거나, 출근하자마자 늘 안전모를 써왔기 때문에 당연히 썼을 거라 착각했을 수도 있습니다. 어떤 근로자는 기존의 경험을 통해 잠깐 작업하는 경우에는 굳이 안전모를 쓸 필요가 없다고 판단해 의도적으로 쓰지 않았을 수도 있습니다. 쓰려고 하다가 옆 사람의 미착용 상태를 보니 '날도 더운데 안 써도 되나보다.'라고 생각했거나, 드물긴 하지만 관리자가 미워서 한 판 붙어보려고 일부러 쓰지 않았을 수도 있습니다.

　어느 날, 안전교육을 여러 번 수강한 분이 "허 고것 참~ 신기하네요…."하시더라고요.

　"뭐가 그리도 신기하세요?"

　"2년 전 심리검사에서 불안전행동을 많이 하는 것으로 나오고, 그 주된 이유가 위반이라고 나왔거든요. 그리고 성격 부분에서 정서적으로 불안정하고, 성취동기도 낮다고 했어요. 그런데 이번에는 완벽하게 안전한 행동을 하는 것으로 나왔고 성격이나 동기도 모두 좋은 결과가 나왔거든요. 아주 기분이 좋습니다."

"2년 전 무슨 일이라도 있으셨던 거예요?"

"네…. 아주 힘든 회오리바람 한 가운데 있었어요. 지금은 마음이 편해지고 거의 해결됐거든요. 그런데 진짜 결과도 제 상태와 똑같이 나오네요~"

"정말 마음고생 많으셨겠어요. 불안전행동을 많이 한다고 나오는 원인에는 주로 규칙을 숙지하지 않았거나, 습관이 아직 안됐거나, 실수인 경우가 많거든요. 주된 원인이 위반에 있다는 분들은 아주 적어요. 안전을 고의적으로 위반하는 분들은 정서적으로 무척이나 힘든 시간을 보내고 있을 확률이 높습니다. 대개 인간관계적인 부분에서 많은 어려움을 겪거나, 공정성이나 정의 등의 측면에서 분노하고 있는 경우가 많더라고요. 어쨌든 일이 잘 해결돼 다행입니다~"

사고발생의 수면에 떠 있는 원인을 찾고 나면 사고처리가 끝난 듯, 정작 수면 아래의 이유를 찾지 않는 경우가 있습니다. 물론 흩어져 있는 많은 이유들에서 정확한 인과관계를 찾기란 어렵고 그만큼 시간이 많이 걸리기도 해 원인에 대한 근본적인 이유를 밝히는 것은 상당히 어려운 일입니다.

의도가 없는 실수·망각에서 오는 부주의나 기억실패에 대한 대책, 의도성 있는 규칙의 위반에 대한 대책은 확연히 달라져야 합니다. 의도성이 없는 불안전행동은 대부분의 사람들에게 동일하게 발생하는 '휴먼에러'의 측면에서 관리해야 하지만, 의도성 있는 불안전행동은 개인적 성향이나 조직문화의 입장에서 다뤄야 합니다.

안전을 고의적으로 위반한 사람들에게 휴먼에러에 대한 교육은 그다지 효과가 없을 겁니다. 그 사람들은 아마도 인간관계적인 부분에 어려움이 있을 겁니다. 따라서 조직의 의사소통 교육이나 심리상담을 통해 관계 회복에 초점을 맞추는 방향으로 대책을 세워야 합니다.

다음 중 부주의의 발생 원인별 대책방법이 올바르게 짝지어진 것은?

① 소질적 문제–안전교육

② 경험/미경험–적성배치

③ 의식의 우회–
작업환경 개선

④ 작업순서의 부적합–
인간공학적 접근

답: 4번

휴먼에러 100% 예방에 대한 신화

산업재해 예방에는 4가지의 원칙이 있습니다. 재해는 원칙적으로 원인만 제거되면 예방이 가능하다는 '예방 가능'의 원칙. 사고의 결과로 생기는 상해의 종류나 정도는 사고대상의 조건에 따라 우연히 발생한다는 '손실 우연'의 원칙. 사고의 원인에 대한 가장 적합한 대책을 선정해야 한다는 '대책 선정'의 원칙. 재해는 직접원인과 간접원인이 연계돼 일어난다는 '원인 연계'의 원칙.

우리는 예방 가능의 원칙에 따라 모든 인재가 예방이 가능하다고 생각합니다. 물론 우리가 지향해야 할 목표는 재해 발생률을 0%로 만드는 것임이 분명히 옳고 24시간 최선을 다해 노력하고 있습니다.

하지만, 이론과 실제에는 늘 차이가 있기 마련입니다. 원인이 제거되면 얼마나 좋겠냐마는, 이는 원칙일 뿐입니다. 생각해볼 부분은 "근로자들을 잘 관리해 휴먼에러를 100% 막을 수 있다는 신념"에 대한 겁니다. 휴먼에러를 사고의 주요 원인으로 보고, '휴먼에러를 100% 막을 수 있다'라는 지나치게 긍정적인 믿음을 가지면, 책임 지향형의 사고처리 과정을 거치게 되기 쉽습니다. 결과적으로 사람에게 책임을 추궁하고 적절한 처벌을 해 1차 종결을 합니다. 그런데 1차 종결은 앞에서도 말했듯 수면 위의 원인에 대한 대책안일 뿐 실제적인 종결 상태가 아닐 수도 있습니다.

사고에 대한 원인을 정확하게 파악하지 못한 결과로 '이번 사고도 기본적인 근무수칙을 지키지 않는 등 작업자들의 안전불감증에서 비롯된 전형적 인재로 드러났습니다.'라는 기사를 심심찮게 보게 되는 것은 아닐까요? 사람에게 처벌을 함으로써 종결하는 고전적 패턴의 사건처리 과정은 단기적으로 좋을 수도 있지만, 장기적 측면에서 보자면 안전과 점점 멀어지는 결과를 가져올 수도 있습니다.

책임지향형

사고 → 책임추궁 → 처벌 →

1차 종결? → 미해결

"휴먼에러를 100% 막을 수 있다!"라는 신념은 어쩌면 자만일지도 모릅니다. 재해를 예방하기 위해서 우리는 최선을 다하지만 일단 재해가 난 후에는 '휴먼에러 때문이다.'라는 생각을 가장 뒤로 보냈으면 좋겠습니다. "그 상황에서는 누구든지(가장 가깝게는 내가 될 수도 있습니다) 그런 행동을 할 수 밖에 없었다."라는 생각을 기본적으로 갖고 있다면 사건을 일으킨 사람을 대하는 자세가 달라질 겁니다. "너 때문이야, 왜 그랬어?"가 아니라, "얼마나 놀랐어? 괜찮아?" 하는 말이 자연스레 먼저 나올 겁니다.

절차에 따라 내려지는 처벌에는 차이가 없지만, 마음에서부터 우러나오는 진심어린 걱정은 1차 종결의 미해결이 아닌, 차후 더 커다란 사고를 예방할 수 있는 소중한 과정으로 변화할 수 있습니다. '책임지향형'과 '대책지향형' 중 어떤 사고처리과정을 거치는가에 따라

재해라는 큰 역경이 조직을 더욱 긍정적인 방향으로 끌고 가는 경험이 될 수도 있고, 반대로 조직원을 초긴장 상태의 불안전한 상태로 몰고 갈 수도 있을 겁니다.

책임지향형 ➡ 대책지향형

1장의 내용을 다시 떠올려봅시다. 하나의 사고, 다섯 명의 사람, 동일한 내용인 것만 같은 하나의 목소리, 풀리지 않는 수수께끼 같은 퍼즐. 그리고 라포 형성 후 하나의 사고, 다섯 명의 사람, 각각 다섯 개의 목소리, 완성된 퍼즐.

참으로 안타까운 점은 사고를 낸 근로자들이 대부분 광장히 성실한 성격을 지녔다는 겁니다. 회사를 위해 열심히 일해온 사람이 어느 날 사고를 낸 골칫덩이가 됐죠. 여기저기 불려 다니며 취조 아닌 취조를 받고 혹시라도 말을 잘못해서 사건이 커지거나 불이익이 돌아오면 어떡하나 하는 불안으로 편하고 솔직하게 말할 수 없을 겁니다.

수년 혹은 수십 년 동안 회사를 가족같이 생각하고 열심히 일했는데, 단 한 번의 사고로 많은 것들이 달라졌습니다. 자신을 바라보는 눈초리들이 예사롭지 않습니다. 그리고 자책과 죄스런 마음으로 눈치만 보게 됩니다.

어느 누구도 부정적인 결과를 예측해 일부러 사고를 내지는 않습니다. 그런데 재해의 주된 원인이 휴먼에러에 있다는 일반적 신념으로 인해, 자신이 잘못된 어떤 성격이나 태도를 가진 존재로 평가받게 된다면 어떨까요? 죄책감보다 더한 수치심에 휩싸일 겁니다. 나아가 회사에 대한 신뢰감도 무너질 수 있습니다. '내가 잘 할 때는 웃으며 그렇게 잘 대해주더니, 한 번 실수하니 이렇게 버리는구나…. 믿을 수 없다.' 동료들에게 미안해서 주변의 눈치를 보느라, 회사에 대해 실망하느라, 사고가 아닌 사고 후의 처리과정에 의해 오히려 PTSD(외상후스트레스장애)로 발전할 가능성이 높아집니다.

책임지향형이 아닌 대책지향형 사고처리 과정에는 인간적인 공감과 신뢰가 바탕입니다. '내가 실수해도 회사는 변함이 없구나. 나를 밀어내지 않을 거야. 나를 믿고 걱정해주니 솔직히 말해도 되겠지. 그래야 다른 사고를 예방할 수 있으니까. 나 역시 다시는 이런 일이 없도록 더욱 노력해야겠다.' 하면서 일과 안전에 대한 동기가 높아질 겁니다. 한 번의 사고가 사고로 끝나는 게 아니라, 차후의 더 큰 사고들을 예방하는 소중한 과정으로 변하게 되는 겁니다.

휴먼에러는 사람이라면 죽는 그날까지 나와 함께하는 것이며, 주변의 사람들은 나의 안전을 지켜주는 안전보험입니다. 내가 미처 인식하지 못한 위험 요소들을 알려주는 지적확인이 효과가 있으려면 지적하는 사람을 좋아해야 합니다. 다른 사람을 좋아하려면 마음의 여유가 있어야 합니다. 마음의 여유가 있으려면 우선, 내가 누구인지 알아야 하겠죠?

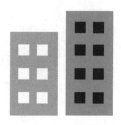

3장

개인적 특성

성격과 안전행동

성격은 다양한 상황에서 일관성 있게 지속적으로 나타나는 행동이나 태도를 말합니다. 일반적으로 사고를 많이 치는 사람은 성격에 원인이 있을 거라고 생각하곤 합니다. 상식적으로 추측해 보면 정서적으로 불안하거나, 불만이 많거나, 성실하지 않은 성격을 지닌 사람들이 사고를 많이 일으킬 것 같은데 정말 그럴까요? 그럼, 지금부터 성격검사를 활용해서 성격과 안전행동에 대해 생각해보는 시간을 가져보겠습니다.

나 과장이 현장방문 안전심리 교육을 신청했습니다. MBTI, DISC, 에니어그램, MMPI….어떤 검사로 이야기를 나눠볼까요?

"기록을 보니까 작년에, 80명 전원 MBTI 교육을 실시했었네요? 작년의 결과를 보면서 안전에 대해 대화하는 식의 진행은 어떨까요?"

"에이 그건 그냥 성격검사잖아요. 다른 검사나 프로그램 없나요?"

"어떤 성격검사라도 안전과 관련시켜 이야기 나눌 수 있어요. MBTI로도 직원들의 사고, 행동, 욕구, 감정 등을 알 수 있기 때문에 안전한 직장 생활을 하는데 활용할 수 있답니다. 검사는 이용하기 나름이거든요~"

"그래도 이왕 하는 거 새로운 걸로 해주세요…."

따라서 빅파이브(Big-Five) 성격이론을 통해 안전심리 교육을 진행하기로 했습니다.

빅파이브 모델은 다양한 나라들에서 그 유효성이 확인된 바 있으며, 현대 심리학계에서 가장 널리 인정받는 성격이론입니다. 경험적인 조사와 연구를 통해 정립한 성격 특성은 다섯 가지 주요한 요소 혹은 차원을 말합니다. 특정 상황에서 개인이 어떻게 행동할 것인가를 예측할 수 있게 해주는 이 다섯 가지의 성격 요소에 대해 간단히 알아보겠습니다.

외향성은 인간관계의 범위와 강도를 나타내며, 사회적 적응 패턴을 파악할 수 있습니다. 외향성이 높으면 사람들과 어울리기 좋아하며 자기표현을 잘 하고, 열정과 활력 수준이 높고, 낙천적인 편입니다.

개방성은 새로운 경험에 대한 수용성을 말하며, 변화와 개선에 대한 욕구나 적응 패턴을 파악할 수 있습니다. 개방성이 높은 사람은 지적 호기심이 많고 새로움을 추구하며 자유분방한 가치를 추구합니다. 또한 변화에 유연하게 대처할 수 있으며 새로운 정보에 대한 관심도 많습니다.

성실성은 규칙이나 원칙을 지키고 자신의 일에 본분을 다하려는 성향을 말합니다. 성실성이 높은 사람은 자기 관리 및 통제를 잘 하고, 일상적 사회나 조직생활에 필요한 규칙을 잘 지킵니다.

우호성은 타인을 이해하고 공감하고자 하는 태도와 욕구를 말합니다. 우호성이 높은 사람은 자신의 희생을 감수하더라도 다른 사람을 배려하기 위해 노력합니다. 일반적으로 직장생활에서 우호성이 높고 수용적인 사람을 좋아하는 경향이 있지만, 냉정하게 문제를 해결하거나 치열한 경쟁 상황에서는 오히려 불리하게 작용할 수 있습니다.

마지막으로, **정서적 불안정성**(신경성)은 일상의 생활에서 접하게 되는 불안, 화, 좌절, 당혹, 분노 등의 다양한 불쾌 감정에 대응하는 패턴을 나타냅니다. 정서적으로 안정되지 않으면 사소한 일에 민감하고 걱정이 많으며 쉽게 불안해하기 때문에 정보처리 능력이 저하

될 수 있고 감정조절을 잘 하지 못하는 경향이 있습니다.

빅파이브 성격요인들과 안전과의 관계를 심플하게 생각해볼까요?

'외부에 초점이 있는' 외향성이 낮은 사람은, 타인과 교류해 일을 해결하기보다는 혼자서 해결하려고 하고 외부의 환경에도 둔감할 수 있어 변화에 융통성 있게 대처하는 능력이 저하될 수 있으며 자신만의 고민을 점점 심각하게 만들기 쉬워 단독 근무를 하거나 돌발 상황에서 불안전한 행동을 하는 경향이 높을 수 있습니다.

'새로운 정보에 대한 수용성이 높은' 개방성이 낮은 사람은 변화에 대한 수용성이 낮아서 기존의 일처리 방식을 고수하려는 경향이 있고 현실에 안주하려는 자세가 강해 돌발 상황에 유연하게 대처하지 못하고 순발력이 떨어져 위험에 처할 수 있습니다.

'수행중인 과업과 목표달성에 관심과 노력을 잘 집중해, 실수 없이 자신의 일을 잘 추진해나가는' 특징을 지닌 성실성이 낮으면 일을 적당하게 처리하는 경향이 있습니다. 따라서 절차나 규칙을 위반할 가능성이 높으므로 위험을 초래할 수 있습니다.

'타인과 조화로운 관계를 유지하고 싶은' 우호성이 낮은 사람은 개인주의적인 성향이 강해 인간관계에 불편함이 많을 수 있습니다. 이런 관계적인 스트레스가 작업 중에 실수를 유발할 가능성을 높여줍니다.

정서적으로 안정되지 못하면 망각, 충동적인 행동 등 불안정 행동이 증가해 안전사고로 이어질 가능성이 있습니다.

이론상의 논리로만 본다면, 안전한 성격의 사람들은 외향성, 개방성, 성실성, 우호성은 높고 정서적 불안정성이 낮은 사람들일 겁니다. 그리고 반대가 사고를 일으키는 성격의 사람들이라고 말할 수 있습니다. 하지만 우리는 알고 있습니다. 이론과 현실은 다르다는 것을!

여러분도 빅파이브 간이 테스트를 한 번 해 볼까요?

각 문항에 대해 아래와 같이 대답해주세요. 전혀 아니다=1, 별로 아니다=2, 중간이다=3 약간 그렇다=4, 매우 그렇다=5	점수
1. 모르는 사람에게 먼저 말을 건다.	
2. 다른 사람이 편안하고 행복한지 확인한다.	
3. 그림, 글, 음악을 창작한다.	
4. 모든 일을 사전에 준비한다	
5. 울적하거나 우울함을 느낀다 .	
6. 회식 , 파티 , 사교모임을 계획한다	
7. 사람들을 비방하거나 욕하지 않는다.	
8. 철학적이거나 영적인 문제들을 생각한다 .	
9. 일이나 물건을 정리한다.	
10. 스트레스나 걱정을 느낀다.	
11. 어려운 단어를 사용한다.	
12. 타인의 감정에 공감한다.	

* Gosling, Renlfrow, and Swann 2003, Rammstedt and John, 2007)

점수를 채워 넣었으면, 아래의 계산방식에 따라 점수를 계산합니다.

외향성:	신경성:	성실성:	친화성:	개방성:
문항1의 점수+ 문항 6의 점수	문항5의 점수+ 문항10의 점수	문항4의 점수+ 문항9의 점수	문항2의 점수+ 문항7의 점수+ 문항12의점수	문항3의 점수+ 문항8의 점수+ 문항11의 점수

예를 들어 1번 문항이 4점, 6번 문항이 3점이면 외향성은 7점이 됩니다. 채점기준은 아래와 같습니다.

외향성		2~4점	낮음
		5~6점	중간
신경성		7~8점	중상
성실성		9~10점	높음
친화성	남성	9점 이하	낮음
		10~11점	중하
		12~13점	중상
		14~15점	높음
	여성	11점 이하	낮음
		11~13점	중하
		14점	중상
		15점	높음
개방성		8점 이하	낮음
		9~10점	중하
		11~12점	중상
		13~15점	높음

결과치가 예상대로 나왔나요? 자신의 성격 결과가 마음에 드나요?

심리검사가 뭐길래!

회사에서 서로의 의사소통을 증진시키기 위해 성격검사를 실시하고자 하면 제일 먼저 드는 걱정! '솔직하게 답하셔야 할 텐데…. 성격검사가 뭐라고 그리 겁을 드시는지, 원치 않는 결과가 나오면 어떻게라도 되는 건지?' 특히나 안전심리 교육에서 검사를 한다고 하면 많은 긴장과 의심을 합니다. '어떤 의심? 혹시라도 잘못 나오면 상사에게 찍힐까봐서?' 성격에는 좋고 나쁨이 없다고 누누이 설명해도 좋은 성격을 위한 정답을 찾으려 애쓰는 사람들이 적지 않습니다.

교육 시간을 단축시키기 위해 미리 검사해서 결과물을 가지고 참석하라고 했습니다. 솔직한 반응을 위해 검사결과를 걷지 말고 개인 스스로 코칭할 수 있도록 해 달라고 진행 부서 측에 단단히 부탁도 했습니다. 그러나 그렇게 피력했는데도 교육실에 들어가면 앞에 심리검사 결과지가 쌓여있습니다. 아쉬운 마음을 꾹~ 참으며 결과지들을 펼쳐보면 실망 그 자체입니다. 완벽하게 이론적으로 안전하다는 성격검사 결과들 뿐입니다.

"우리 조직은 이렇게 완벽합니다." 하며 자랑스러워한다? 이런 조직은 겉으론 조용하고 일이 잘 진행되는 것처럼 보여도 실제로 가장 높은 위험군일 수 있습니다. 소통이 잘 되지 않는 조직이기 때문입니다. 뻔히 결과지를 걷어서 안전한 성격, 불안전한 성격을 나눌 것을 예상한 직원들이 과연 솔직하게 검사에 임했을까요? 괜스레 혼자 튀는 결과가 나와 한소리 듣거나 찍힐 상황을 누가 좋아할까요? 튀지 않고 중간 정도로 가기 위한 심리조작이 들어간 증거는 직원들 모두가 외향성, 개방성, 성실성, 우호성은 높고 정서적 불안정성은 낮다고 나온 결과입니다.

성격이 똑같다면 대체 무엇 때문에 검사를 할까요? 이런 현상은 앞에서도 언급했듯이 위험 요소의 제거 측면에 안전의 초점을 맞췄기 때문에, 안전에 위험한 성격이 존재한다고 가정하고 위험한 성격의 사람들을 가려내 성격을 고치게 하겠다는 관점에서 이뤄진 결과입니다. 본인이 위험한 성격으로 낙인찍힐까봐 두려워하는 직원들이 과연 솔직하게 응답할 수 있을까요? 또한 성격이라는 특징이 개입을 한다고 금방 변할 수 있는 것도 아닌데, 성격을 바꿔 행동을 변화시키겠다는 생각은 너무나 야무진 꿈이 아닐까요?

성격검사를 하는 이유는 성격을 바꾸기 위한 게 아닙니다. 나와 타인을 이해하는 데 조그만 도움이라도 되고자 실시하는 도구이지 우리의 성격에 낙인을 찍거나 마음에 부담을 주려는 게 절대 아닙니다. 안전의 소통에 있어서 가장 중요한 것은 '진실성'입니다. 아무리 시간을 내어 소통한다 해도 그 내용이 진실하지 않다면 오히려 안 하는 게 나을 겁니다. 진실한 소통을 위한 필요충분 조건은 "내가 어떤 말을 해도 안전하다"라는 '믿음'일 겁니다.

병원에서 이뤄지는 심리검사는 진단이 목적이지만, 회사에서 진행하는 심리검사는 안전을 위한 진단용이 아닙니다.

"결과가 어떻게 나오든 내 성격은 괜찮다. 다만, 안전에 관련해 고려할 부분이 있는지 한 번 검토해보자~" 정도의 마음 자세면 충분합니다.

심리검사 결과가 나오고 설명을 하면 꼭 이렇게 반응하는 사람들이 있습니다.

"나는 그렇지 않은데…. 이 검사는 하나도 사실과 맞지 않아요~"

솔직히 답하지 않았으니 안 맞을 수밖에 없습니다. 괜스레 시간만 낭비 한 걸 수도 있고, 아니면 자기 자신에 대해 제대로 모르고 있을 수도 있습니다. 심리검사의 결과는 수많은 사람의 통계치 입니다. 그 결과는 내게 완벽히 맞지도 완벽히 틀리지도 않습니다. 어느 정도는 맞고 어느 정도는 맞지 않습니다. 중요한 것은, 내게 의미가 있는 정보들을 스스로 찾아내는 겁니다. 결과 용지에 적힌 일반적인 해석을 읽다가 잠시 멈추고 생각에 잠기게 되는 부분, 설명을 듣다가 뱃속이 꼼지락거리며 뭔가 느낌이 오는 부분…. 단 하나의 단어 혹은 한 문장의 말이 내게 의미가 있다면 충분합니다. 심리검사를 하지 않았다면 아무 일도 없었을 테지만, 검사를 하고 결과를 보는 것만으로도 변화는 시작됩니다. "나랑 하나도 맞지 않아.", "기분 나빠!"하면서 부정적인 느낌이 드는 것도 마음의 움직임이니, 변화라 할 수 있습니다. 어떤 부분이 맞지 않는지, 기분이 왜 나쁜지 대화를 시작하면 됩니다.

회사에서 인사관리를 위한 목적으로 심리검사를 시행하는 경우는 다르겠지만, 안전을 위한 성격검사와 관련해서는 가능하면 성격에 문제가 있음을 추려내고 지적하는 데 이용하거나 강압적으로 성격을 바꾸라고 하지 않았으면 좋겠습니다. 완벽하게 문제가 있는 성격은 없으며 성격을 변화시키는 건 하늘의 별 따기만큼 어렵거니와, 혹시라도 성격이 변한다면 그건 조직의 뜻이 아니라 자신의 선택에 다른 결과입니다. 회사는 조직 문화를 통해 간접적으로 개인에게 영향을 미칠 수는 있지만, 장기적인 변화를 정해주고 끌어낼 수는 없다고 생각합니다. 변화는 개인의 자발적 의지와 선택입니다.

사고치는 성격이 따로 있을까?

외향성이 높으면 안전하다.
개방성도 높아야 안전하다.
성실성 역시 높아야 안전하다.
우호성도 높아야 안전하다.
정서적 불안정성이 낮아야 안전하다.

심플해서 좋긴 합니다. 하지만 이런 생각은 사람들의 행동을 기계처럼 너무 단순하게 여긴 결과입니다. 우리는 결코 단순하지 않습니다. 외향성이 높아도 안전하지 않을 수 있고, 성실하지 않아도 안전할 수 있습니다. 빅파이브 성격요인 중, '성실성'에 대해서는 다른 요소들보다 비교적 많은 연구가 이뤄졌는데, 재미있는 것은 그 결과가 상이했다는 겁니다. A연구에서는 성실성이 높은 사람이 가장 안전한 행동을 한다고 발표했지만, B연구에서는 성실성이 높은 사람이 불안전한 행동을 할 가능성이 높다고 발표했습니다. 두 연구의 결과가 다 맞습니다. 평소에는 말 그대로 성실한 사람이 안전하게 행동할 겁니다. 이런 상황에서는 어떨까요?

　야간 단독근무를 하고 있습니다. 확실하지는 않지만 뭔가 잘못돼 간다는 게 느껴집니다. 성실성이 아주 낮은 사람은 되도록 무시하면서 교대가 되기만을 기다립니다. 옆에서 불이 난다든가 하는 위급한 경우가 아니라면 가능한 한 자신이 해결하려고 하지 않습니다. 반면, 성실성이 아주 높은 사람은 확실하진 않지만 미묘하게 잘못돼가고 있다는 느낌을 떨쳐버릴 수 없습니다. 성실성이 높은 사람은 책임감도 높기 때문에 자신의 근무 중 발생한 일에 대해서 해결하고자 하는 마음이 큽니다. 한 시간 정도 그 사항에 집중하다 보면 다른 부분은 보이지 않고 해결해야 할 부분만 보이는 '일점현상'이 발생합니다. '들어가지 마세요'라는 글자는 보이지 않습니다. 그 미묘하게 이상한 일을 해결해야겠다는 일념으로 혼자서는 들어가면 안 되 곳에 발을 들이거나 작동하고 있는 기계에 손을 대는 등 불안전한 행동을 하게 되는 겁니다.

　사람들의 개인적 특징과 일점현상과 같은 휴먼에러에 대한 이해가 없다면, 도저히 이해할 수 없는 불안전행동에 대해 이렇게 말할 겁니다. "귀신에 씌었다." 그러나 귀신에 씐 게 아니라, 개인과 상황의 요인들이 조합돼 불안전행동이 나타날 수 있습니다. 평소의 자잘한 실수들은 성실성이 낮은 사람들에게 많이 나타나지만 심각한 인재로 연결되는 사고들은 오히려 성실한 사람들에게 높게 나타납니다.

A, B 연구 결과의 불일치는 복잡한 요인들이 존재하는 사람의 행동 속 인과관계를 성실성이라는 요소 하나만으로 측정했기 때문에 나온 겁니다. 우리가 연구해야 할 사항은 '성실한 사람들이 불안전한 행동을 하게 만든 요인들은 뭘까?' 반대로 '성실성이 낮은 사람들에게 나타나는 안전행동의 차이를 만드는 요인들은 뭘까?' 하는 겁니다.

성실성이 높고 외향성과 우호성이 낮은 사람은 야간단독 근무 시 불안전한 상태에서 누군가에게 연락을 취하는 행위가 상당히 힘듭니다. 외향적인 사람들은 이해를 못 하겠죠. "안전이 중요하지 뭐가 그렇게 힘들다고 연락도 못 해. 답답한 사람이구만."이라고 할 겁니다. 외향성이 매우 낮은 사람들은 한밤중에 자고 있는 사람을 깨워서 말을 한다는 게 엄청난 스트레스입니다. 차라리 단독으로 해결해 버리려고 하죠.

성실성, 외향성, 우호성이 모두 높은 사람이라면 아마도 바로 동료에게 연락해 조치를 취할 가능성이 높으므로 가장 안전한 축에 속할 수 있겠죠? 성실성이 낮은 사람이라도 우호성이 매우 높다면 '나의 행동 때문에 혹시라도 동료들에게 피해가 가면 안 된다, 사고가 나서 동료들이 나를 미워하면 어떡하지?'란 생각이 강하기 때문에 즉시 연락할 가능성이 높아집니다.

성실성과 안전행동의 연관성이 높기는 하지만, 성실성이라는 하나의 요인이 사고를 일으키는 원인이라고 말할 순 없습니다. 다른 성격요인들과 어떻게 연결돼 있는지, 그리고 성격 뿐 아니라 상황적인 다른 요인들을 함께 고려해야 합니다. 중요한 점은 "사고치는 성격이 따로 있으니, 그런 사람들을 파악해서 성격을 고치라고 합시다."란 생각을 버리는 겁니다.

자신의 성격을 정확히 이해하고, 단점에 주목하는 게 아니라 장점을 키워 커버하도록 동기화하면 됩니다. 개인의 성격특성을 이해해 주고 진정으로 배려하면, 스스로 변화가 시작될 겁니다.

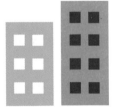

성격 단점에 집중하면 망하는 이유

좋은 얘기만 들으며 살아도 짧은 인생인데, 자신의 단점에만 치중하며 자꾸 바꾸려고만 노력하면 참 살맛이 나지 않습니다. 그런데도 늘 우리는 '성격이 문제다. 이건 고쳐야 한다. 내 성격이 마음에 안 든다.' 하면서 투덜거립니다. 도대체 왜 그럴까요? 좋은 성격이 정해져 있는 것도 아닌데 말입니다. 지금까지 우리가 성격 강점보다 약점에 초점을 두게 된 믿음들을 살펴봅시다.

하나, 성격 약점을 교정·수정해 사람과 조직을 더 강하게 만들 수 있다.
둘, 성격 강점은 타고난 것이기에 자동적으로 길러진다.
셋, 사람은 마음만 먹으면 뭐든지 할 수 있다.

"성격 약점을 교정·수정해 사람과 조직을 더 강하게 만들 수 있다."라는 믿음은 "사람은 마음만 먹으면 뭐든지 할 수 있다."라는 믿음을 전제로 합니다. "휴먼에러를 100% 예방할 수 있다."라는 신화 역시, 사람은 뭐든지 할 수 있다는 믿음이 전제합니다. 휴먼에러를 겸손하게 받아들여야 하는 것처럼 성격을 교정하고 수정하는 일이란 보통 힘든 게 아니기에 자신의 성격에 대해서도 받아들여야 합니다.

우리의 에너지의 총량에는 한계가 있습니다. '성격 강점은 타고난 것이기에 자동적으로 길러진다.'는 믿음은 에너지가 무한정일 때 가능합니다. 성격 약점에 에너지를 쓰는 만큼 강점에 쓸 에너지가 고갈됩니다. 강점은 저절로 자라는 게 아닙니다. 우리 아이가 영어를 잘 한다고 해서 수학만 공부하게 한다면 영어실력이 점점 줄어들 겁니다. 성격 강점도 안 쓰면 줄어들 것이고, 약점은 아무리 노력해봤자 중간은 가겠지만 최고치에 도달하지는 못할 겁니다.

약점의 교정과 수정에만 초점을 맞추다 보면 약점은 평균치에 도달하고 강점도 평균치로 하강해 모든 게 보통인 사람이 될 겁니다. 모두가 비슷비슷한 개성 없는 사람들로 사회가 이뤄지겠죠.

상담실에는 자신의 성격이 싫어서 오시는 분들이 많습니다.
"성격의 어떤 부분이 마음에 드시지 않나요?"
"다요, 다. 모조리 바꾸고 싶어요. 그냥 제 성격이 모두 싫어요."
성격 관련 강의를 할 때 자주 그리는 그림이 있습니다.

우리가 태어난 성격 그림입니다. 뾰족뾰족 모난 돌입니다. 이는 점점 사회화되면서 자연스럽게 혹은 억지로 둥글둥글한 모양이 돼 갑니다.

　뾰족뾰족 모난 부분들이 깎여 나가서 둥그런 모습이 됐습니다. 내가 싫어하는, 혹은 사회가 선호하지 않는 내 성격들은 사라지고 무난한 요인들만 남았습니다. 그러면 적응도 잘 하고 행복할 줄 알았는데 이상하게도 시간이 갈수록 공허하기 시작합니다. 원래 내 모습의 1/3이 떨어져 나가버렸기 때문입니다. 잃어버린 내 모습이 생각도 안 나고 마음이 텅 비어버린 채 그저 공허해집니다.

　다행히 우리에겐 둥그런 모습을 유지하되, 본연의 나를 잃어버리지 않는 방법이 있습니다. 뾰족뾰족 모난 부분들을 깎는 대신 모난 부분들을 메워 자아를 팽창시키는 방법입니다.

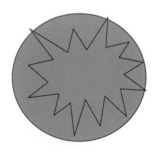

　자신의 성격을 사랑하지 않고 배척한다면, 억지로 바꾼 다른 성격의 나 역시 사랑하지 못할 겁니다. 끝없이 새로운 성격을 원하겠죠?

내 성격을 온전히 수용하고 나를 사랑하게 된다면, 다른 성격요인들을 받아들이기도 쉬워집니다. 내가 사랑하는 나의 성격 강점으로 사랑스러운 나의 성격 약점을 도와주면 어느새 커다란 동그라미의 나를 만날 수 있을 겁니다.

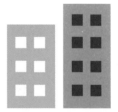

성실성이 낮아도 괜찮아요

빅파이브 검사 결과

성실성	친화성	외향성	개방성	신경성
낮음	매우 높음	보통	보통	낮음

　부끄럽지만 위의 프로파일은 제 겁니다. 저는 당연히 예상했던 결과였지만, 주변 사람들은 깜짝 놀랐습니다. 다른 내용은 이해가 되는데 성실성이 낮게 나온 게 너무나 의외라면서요.

　"이거 잘못 나온 결과 아닌가요? 아무리 봐도 상담사님은 성실성이 낮은 사람이 아닌데…."

　"겉으론 무지하게 성실해 보이죠? 그런데 사실은요, 결과가 맞을 거예요. 제가요. 진짜 성실성이 낮아서 원칙대로 하는 걸 싫어해요. 편의에 따라서 행동하는 경우도 많고요. 다행히 제가 하는 일에서는 성실성이 낮은 편이 오히려 도움이 될 때가 많아요. 정해진 상담시간을 왕창 넘기기도 하구요. 제 개인정보를 가끔은 알려주기도 하고, 모두에게 다 그렇지는 않지만 필요에 따라서는 야밤에 내담자와 카톡을 하기도 한다니까요(웃음). 진짜 웃긴 게 뭔지 아세요? 이 검사를 3번 했는데, 나머지는 다 똑같았거든요. 딱, 하나 성실성 부분만 바뀌었어요. 16년도에는 성실성 낮음, 18년도에는 성실성 매우 낮음, 19년도에는 낮음으로요."

성실성 부분이 가뜩이나 조금 찔리는 영역인데, 18년도에 더 낮아진 것을 보고는 그 이유를 생각하지 않을 수 없었습니다. 그때 퍼뜩 떠오른 사건!

제철소 내에서는 외부와 다른 운전규칙이 있습니다. 구간에 따라서 제한속도가 다르고, 좌회전 시에는 일단 정지하고 출발한다든가 하는 식으로요. 그런데 제가 18년도에 좌회전 시 멈추지 않고 주행을 해서 2번이나 걸렸어요. 제 기억으로는 분명 멈춘 것 같은데, CCTV 보니까 진짜 서지 않고 지나가더라고요. 기억 상에는 멈춘 것 같은데 1초도 안 돼 다시 출발한 듯합니다. 2번 걸리면 일정 기간 동안 제철소 내에서는 운전을 할 수가 없답니다…. 안전심리 교육을 하러 다니는 강사가 규칙을 지키지 않아 벌을 받다니 너무나 창피한 일이었어요. 평소의 불성실한 행동들이 심리검사 결과에도 성실성 매우 낮음으로 증명된 거였고요. 많이 찔렸습니다. 우리 부서에 피해를 준 건 아닌가 싶어서 죄책감도 들었습니다.

그래서 다짐했습니다. 이대로 두면 나도 모르는 사이에 똑같은 행동을 하게 될 테니, '좌회전 시는 멈추는 것 더하기 무조건 10초를 세고 출발 한다'라는 다짐이었습니다. 그랬더니 19년도에는 당연히 걸리는 일이 없었습니다. 최근에는 10초를 세는 게 슬슬 지겨워서인지 세는 속도가 우사인 볼트 급입니다. 새로운 다짐을 해야겠어요.

? 돌발 퀴즈

자동차가 교차점에서 신호대기를 하고 있을 때에는 전방의 신호가 파랗게 되고 나서 발차해야 한다. 이때 좌우의 신호가 빨갛게 된 찰나에 발차하는 경우는 어떤 개념의 예에 해당되는가?

① 장면 행동   ② 주변적 동작

③ 무의식 행동   ④ 억측 판단

답: 4번

저와 같이 성실성이 낮은 사람이 현장에서 일을 하게 되면 위험한 사람일까요? 아마도 그렇지 않을 겁니다. 본인이 성실성이 낮아서 조금만 방심해도 위험해질 수 있음을 인식하고 있다면, 성실하기 위해 많은 에너지를 쓸 겁니다. 더욱이 친화성이 매우 높다라면 혹시라도 사고를 쳐서 동료들에게 미움을 받기는 죽기보다 싫어서 과도하게 성실해질 수 있습니다. 성실함이 부족하지만, 사람들에게 인정받고 사랑받고 싶은 욕구가 부족한 성실성을 메우고도 남을 겁니다. 단, 자신이 부족한 성실성 부분에 많은 에너지를 쏟고 있으므로 다른 사람들에 비해 많이 지치고 힘들 수 있음 또한 예상하고 있어야 합니다. 노력하고 있는 자신을 칭찬하고 다른 부분에 조금 소홀해지더라도 쿨하게 넘어가주기도 해야 합니다. 자신의 성격을 수용하고 셀프코칭을 한 다음에는 스스로 보상을 줘야 합니다. 원래 성실성이 높았던 사람의 성실한 행동과 성실성이 낮은 사람의 성실한 행동에는 노력의 양이 다를 테니까요.

"내가 왜 이렇게 힘들지?"가 아니고 "힘든 게 당연해, 많이 고생했어." 하면서 충분히 쉴 시간을 준다거나 자신에게 즐거운 선물을 해줘야 행동이 지속될 수 있습니다. 여기서 중요한 것은 자신의 성격을 있는 그대로 받아들였다는 겁니다.

"내 성격은 원래 이래! 그러니까 할 수 없어!", "난 안 그런데, 순 엉터리구만, 받아들일 수 없어!"라고 생각한다면 변화는 생기지 않을 겁니다.

"내 성격이 이러니까 가만히 둬!"라는 사고는 환경이 자신에게 맞춰주기만을 바라는 마음이며, "순 엉터리구만~" 하는 분은 성격검사 결과의 신뢰성을 의심할 필요가 있거나 자신에 대해 왜곡된 생각을 가지고 있을지도 모릅니다.

내향적이라 힘들어요

빅파이브 검사 결과

성실성	친화성	외향성	개방성	신경성
높음	보통	낮음	보통	보통

　왕조용 님은 중대사고 이후 외상 후 스트레스로 인해 상담실에 내 방했습니다. 조용 님은 평소 말을 나긋하게 하고 아끼는 편이어서 가 능하면 지적을 하지 않고 넘어가거나 본인이 알아서 처리를 하곤 했 답니다. 사고 당시, 그는 위험 직전에 있는 후배를 봤고 "위험해, 피 해!"라고 말했습니다. 그러나 작은 목소리였을 뿐더러 즉각 나오지 않아서 소리를 질렀을 때는 이미 중대한 사고가 발생한 후였다고 합 니다. "내가 조금만 빨리 크게 소리를 질렀으면 결과가 달라졌을 텐 데…. 다 나 때문이야."라는 끊임없는 죄책감으로 괴롭다고 했습니다.

　"제가 워낙에 싫은 소리도 안하고 그저 말을 잘 들어주니 사람들 은 절 많이 좋아했어요. 저 역시 자신이 꽤나 괜찮은 사람이라고 생 각했고요. 제 성격이 참 좋다고 느꼈는데…. 가만 생각해보니 현장 에서는 아닌 것 같아요. 사실, 사람들과 부딪히거나 갈등이 생기는 게 너무 싫어 선배나 후배에게 가능하면 맞춰주고 넘어간 거죠. 후 배에게 '꼰대'라는 말을 듣기도 싫었고요. 지적해야만 하는 일도 아주 심하지 않으면 성격상 넘어가 버린 게 문제였어요. 이런 제 성격이 사고 당시에도 영향을 미친 것 같네요. 평소에 바로 정확하게 지적하고 잘 들리도록 크게 말하는 습관을 만들었더라면 다른 결과가 나왔을지도 몰라요. 어찌 보면 귀찮아서 싫은 소리 안 한 게 참으로 이기적이었다는 생각도 드네요. 큰 소리로 확실하게 말하고 지적하는, 평소와 다른 행동은 하기 힘들고 또 욕도 먹을 수 있겠지만, 나와 동료들의 안전과 목숨을 위해서 노력해야 한다는 생각이 들었어요. 그래서 요즘은 일부러 하루에 5번은 큰 소리로 지적하는 연습을 하고 있어요. 혹시 저처럼 내향적인 사람이 있으면, 안전을 위해선 즉각 큰소리로 지적하는 습관이 꼭 필요하다고 말해주세요."

아마도 안전행동과 관련해 외향성은 지적확인이라든가, 자신의 어려운 상황이나 고민을 표현하는 정도에 영향을 주기 때문에 중요한 요인이 될 수 있습니다. 외향적인 사람에게 힘든 일이 생기면 주변의 사람들도 알고 있는 경우가 많지만, 조용한 사람들은 자신의 어려움을 여간해서 드러내지 않습니다. 혼자서만 고민을 간직하며 끙끙 앓다가 단독근무를 하는 등 혼자 있는 시간이 되면 우울함에 빠져들어 안전하지 않은 행동을 충동적으로 하게 되는 경우가 생길 수 있습니다. 내향적인 성격을 외향적으로 바꾸는 게 아니라, 외향적인 요소가 필요하다고 생각되는 환경에서는 좀 더 신경을 써 노력하는 게 중요합니다.

내향적인 성격의 소유자들은 멋져 보입니다. 뭔가 있어 보이고 신중해 보입니다. 그래서 더 신뢰가 가고 누구에게나 친절하기보다는 나에게만 특별한 사람일 수 있어서 알게 될수록 더 좋아집니다. 이런 멋진 내향적 성격을 유지하되, 현장에서만큼은 소중한 목숨을 위해 힘들지만 지적확인과 자기표현에 있어서만 외향적으로 연기하면 됩니다.

새로운 건 싫어요!

빅파이브 검사 결과

성실성	친화성	외향성	개방성	신경성
높음	보통	보통	매우 낮음	보통

　노변화 님은 잘 돼가고 있는 상황에서 뭔가 새로운 시스템을 도입하거나 기계를 교체한다고 하면 자신도 모르게 화를 낸다고 합니다. "쓸데없는 데다가 시간과 돈을 낭비하고 있네…. 그냥 둬도 잘 돌아가는데 뭐 하러 바꾼담. 난 반댈세!"

　개방성이 높은 사람은 새로운 경험이나 시스템에 대한 거부감이 적고 창조적인 아이디어가 많으며 편견이 없는 편입니다. 반대로 개방성이 아주 낮으면 변화를 싫어하기 때문에 설비나 시스템에 변화가 생기면 불안이 올라오게 되는데, 이런 불안감이 화로 표현되는 경우가 많습니다. 또한 능력과 상관없이 불안감으로 인해 새로운 일을 배우는 게 힘들거나 느려질 수도 있습니다. 따라서 자신이 개방성이 낮다는 점을 수용하고, 설비 교체나 부서 이동과 같은 변화의 시기에 자동적으로 발생하는 불안이나 화를 인식한 뒤 여유를 가질 필요가 있습니다. 주변 동료들도 변화 님의 개방성이 매우 낮다는 사실을 알고 있다면 그가 까칠해질 때, 자신에게 무슨 나쁜 심정이 있어서 그러는 게 아님을 알고 슬며시 넘어가 준다든가, 빨리 새로운 학습에 적응하게끔 다그치기보다는 시간적 여유를 주면서 슬기롭게 대처할 수 있을 겁니다.

개방성이 일상적으로는 안전행동에 대해 다른 요인들보다 연관이 없어 보이지만, 변화의 시기에는 다른 요소들을 제치고 안전행동에 많은 영향을 줄 수 있습니다.

자신과 타인의 성격을 잘 알게 될수록 감정과 행동에 대한 알아차림이 많아지게 되고 예측할 수 없는 미래의 상황에 대해 불안감이 낮아질 겁니다. 따라서 안전한 행동에는 심리학이 소중한 존재일 수밖에 없겠죠(웃음)?

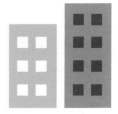

미워할 순 없지만, 화가 나!

빅파이브 검사 결과

성실성	친화성	외향성	개방성	신경성
낮음	매우 높음	매우 높음	낮음	매우 낮음

　강활짝 님은 늘 얼굴에 미소를 띠고 어떤 사람이든 환영합니다. 때로는 자신 본연의 업무를 잊고 다른 사람의 말을 들어주느라 일을 놓치기도 합니다. 다른 사람의 실수에 관대한 만큼 자신의 실수에도 관대합니다. 때로는 누가 봐도 위험한 상황인데, 활짝 님은 전혀 걱정을 하지 않고 해맑아서 옆 사람만 애가 타기도 합니다. 객관적인 위험상황을 활짝 님은 주관적으로 전~혀 위험하지 않은 상황으로 평가합니다. 어찌나 긍정적인지 자신이 운전을 하면 절대로 차가 막히지 않을 거라고 굳게 믿기 때문에 약속시간에 맞춰 미리 나가는 경우가 거의 없습니다.

　그러던 활짝 님은 자신의 신경성 점수가 매우 낮음으로 나오고 주변 사람들은 아무도 그런 결과를 받지 않은 걸 보고 "내가 좀 둔한 건 알았는데, 많이 둔한가? 그래서 조용하게 지나가는 날이 없었나…?" 하면서 자신에 대해 돌이켜보기 시작했습니다. 그리고 사건

사고가 없는 날들을 찾아보기 힘들었던 활짝님의 하루하루가 이해
되기 시작했습니다.

클레벨스베르그(Klebelsberg, 1989)의 주관적 안전과 객관적 안전
모델에 의하면, 사람들은 객관적인 안전 상황에 비해 주관적으로 더
안전하다 느끼면 불안전행동을 할 확률이 높으며, 주관적인 안전보
다 객관적 안전이 더 높으면 안전한 행동을 할 확률이 높다고 했습
니다. 그리고 위험한 상황을 위험하게 인식하고 안전한 상황을 안전
하게 받아들이는 것, 즉 외부환경의 위험에 대해 적절히 반응해 안
전한 생활을 누릴 수 있도록 해야 한다고 했습니다.

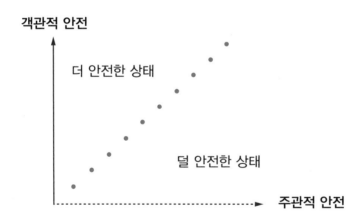

주관적 안전과 객관적 안전 모델
출처: 클레벨스베르그(1989)

객관적 안전보다 주관적 안전이 낮으면 더 안전한 상태일수도 있
지만, 오히려 객관적으로 안전한 상태인데도 주관적 안전이 심하게
낮으면 과불안 상태로 접어들어 역효과를 낼 수도 있습니다.

신입사원들은 각각 자신이 생각했던 업무의 환경과 실제가 다를

경우, 성격에 따라서 받아들이는 정도가 많이 다릅니다. 동일한 교육, 예를 들면 사고 관련된 체험을 교육으로 받았을 때에도 개인의 특성에 따라 다르게 받아들입니다. 신경성이 보통인 A 님은 위험한 상황에서는 더욱 주의해야겠다며 마음을 다지는 반면, 신경성이 매우 높은 B 님은 생각만으로도 이미 패닉 상태에 빠져서 어떻게 해서라도 그 환경에서 벗어나기 위해 노력할 겁니다. A 님은 객관적 안전과 주관적 안전에 대한 평가가 비슷했지만, B 님의 경우 주관적 안전이 너무 낮아서 불안만 높아지고 회피반응을 보이게 된 겁니다.

활짝 님은 객관적 안전의 수준과 상관없이, 주관적 안전이 기본적으로 높았기 때문에 위험한 상태에 노출된 적이 많았던 겁니다. "뭘 그런 걱정을 하며 살아…."라면서 주변 사람들의 반응을 소심하다 여겼었는데, 그 소심함이 평균임을 알게 됐습니다. 앞으로 사건사고가 줄어들겠지요?

같이 일하기 피곤해요

빅파이브 검사 결과

성실성	친화성	외향성	개방성	신경성
매우 높음	보통	보통	매우 높음	매우 높음

집단 상담을 하거나 섹션별로 교육을 하면, 관리자가 슬며시 와서 은밀하게 부탁을 하는 경우가 있습니다. "상담사님, 저 사람 좀 잘 봐주세요. 같이 일하기 아주 힘들어요. 뭐가 이상한지 꼭 좀 알려 주세요."

진꼼꼼 님은 꼼꼼함이 지나쳐서 다른 동료들에게 민폐가 될 정도였습니다. 퇴근해야 하는데 동료들이 보기에는 필요 없는 부분까지 다 일일이 확인하느라고 늦어지곤 했으니까요. 평소에도 남들은 대충 넘어가는데, 원칙대로 하지 않는다고 화를 내면서 혼자서 다시 일을 하곤 했습니다. 동료들은 '다른 부서로 좀 갔으면 좋겠다.' 하는 소망을 마음속에 지니게 됐습니다.

그런데 어느 날, 꼼꼼 님에겐 평소와 다름이 없었던 그날의 행동으로 아무도 보지 못하고 지나쳤던 전선의 이상을 발견했고 자칫하면 소중한 목숨을 앗아가는 중대 사고로 이어질 수 있었던 위험요소를 제거했습니다. 동료들이 꼼꼼 님에게 얼마나 고마워했는지 모릅니다. 동료들이 제게 부탁하더라고요. "혹시라도 팀원 중에 성격이 아주 꼼꼼하고 까칠해서 피곤한 사람, 가끔은 미워지기도 하는 그런 사람이 안전에는 꼭 필요하니 예뻐하라고…. 다른 분들께도 말해주세요~"

신경성이 높은 사람은 주변의 환경에 나타나는 부정적인 자극에 대해 아주 민감하게 반응하는데 이는 편도체의 과민성과 연관이 있습니다. 일부러 까칠하거나 신경질적으로 구는 게 아니라 자동적으로 예민하게 반응하니, 주변 사람들은 자신에게 나쁜 감정이 있어서 일부러 쎄~하게 구는 게 아니라고 생각한다면 마음이 편해질 겁니다.

꼼꼼 님은 신경성 뿐만 아니라 성실성마저 매우 높기 때문에 더욱 업무를 강박적으로 수행했을 겁니다. 자신의 섬세함을 이해하고 있다면 업무에서는 충분히 활용하되 관계적인 부분에서는 주변 사람들의 민감성 수준에 맞춰 감정을 조절하면 좋겠습니다.

? 돌발 퀴즈

사고요인이 되는 정신적 요소 중 개성적 결함 요인에 해당되지 않는 것은?

① 방심 및 공상　　　② 도전적인 마음
③ 과도한 집착력　　　④ 다혈질 및 인내심 부족

답: 1번

성격과 안전에 관련한 여러 사례를 들자면 끝도 없으니 이쯤에서 마치도록 하겠습니다. 좋은 성격이나 나쁜 성격이란 없습니다. 따라서 사고치는 성격도 정해져 있지 않습니다. 나와 다른 사람들의 성격을 이해하고 수용해 안전한 행동을 하는 데 도움이 되게끔 하면 최선이 아닐까요(웃음)?

4장

정서와 안전

이러다 큰일 나겠다 싶었어요

한온유 과장의 정서에 대한 심리검사 결과는 믿어지지가 않았습니다. 온유 과장의 평소 모습을 보면 그토록 부정적인 결과를 예측하기가 힘들었기 때문입니다. 늘 온화한 미소를 머금은 얼굴에 유머 감각까지 겸비한 멋진 과장이었거든요.

심리검사 결과가 늘 정확한 것은 아니지만 너무 안 좋게 나오면 어떤 말을 해야 할지 저 역시 난감합니다. 눈치를 슬슬 보다가 "뜻밖이에요…. 요즘 무슨 일이 있나요~?" 하고 조심스럽게 말을 꺼냈습니다.

"허허…. 나도 깜짝 놀랐어요. 사실은 오늘 새벽 4시에 검사를 했거든요."

"새벽 4시에요~? 잠이 잘 안 왔나요?"

"어휴, 어제 후배 때문에 엄청 열 받은 일이 있었는데, 밤새 잊히지가 않고 분하더라고요. 자려고 해도 자꾸 그 얼굴이 떠오르고 화가 나서, 뒤치락거리다 일어나서 마침 안전심리 교육 숙제가 생각나서 검사했거든요. 그런데 뜨악한 거죠. 세상에…. 일에 대해서야 불만족이 있을 수도 있죠. 하지만, 인간관계만은 잘하고 있다 자신해왔거든요. 작년에 검사했을 때는 아주 양호하게 나왔는데, 이번에는 완전히 개판이에요. 일이나 인간관계나 최악으로…."

"새벽에 깨어 화가 나신 상태에서 해서 그런 것 아닐까요?"

"그렇죠. 하루 만에 제 정서상태가 불량으로 나온 걸 보고는 깨달았어요. 이런 상태를 지속하면 내가 큰일 나겠구나 싶으면서 정신이 확 깨더라고요. 건강하게 살기 위해 그 친구를 용서하기로 마음먹었더니 조금 화가 가라앉는 것 같기도 하고…."

한온유 과장의 멋진 셀프 코칭에 감동했습니다. 하긴 평소 워낙 감정통제를 잘 하는 사람이라 부정적인 심리검사 결과의 의미를 바로 알아차리시고는 수용한 거겠죠?

한 부분의 정서가(업무에 대해서만, 혹은 인간관계에 대해서만) 부정적으로 나오는 사례는 많지만, 업무와 인간관계 영역 모두에서 매우 불만족으로 나오는 경우는 많지 않습니다. 일에 대해 만족스럽지 못하더라도 가족이나 동료 혹은 친구들에게 위로를 받으면 살만하고, 또 사람에게 실망스러울 때는 잠시 일로 도피해 엄청난 성과를 창출하는 에너지를 얻을 수도 있습니다. 그러나 일에서도 사람에게서도 긍정적인 감정을 느끼지 못하면 갈 곳이 없습니다. 업무에 대한 불만족은 책임에 대한 욕구를 감소시켜 조직의 원칙을 지키지 않고 불안전한 행동을 할 가능성이 높습니다. 이때 동료나 가족과의 관계가 좋으면, 마음을 다잡고 자신의 업무를 충실히 하고자 노력할 겁니다. 하지만, 아무에게도 이해받지 못하고 자신이 없어져도 아무도 슬퍼하지 않을 거라는 부정적인 사고는 최악의 경우 '자살'이라는 무시무시한 행동으로 이어질 수도 있습니다.

누구나 진짜로 목숨을 버리고 싶은 사람은 없습니다. 그때 그 순간의 충동성이 소중한 생명을 앗아버리는 결과를 낼 수도 있는 겁니다. 우울한 상태에서는 깊이 사고하는 게 오히려 안 좋을 수도 있습니다. 우울한 기분은 계속 부정적인 생각만을 되풀이하도록 하는 경향이 있기 때문에, 특히나 한밤중에 혼자서 깊게 생각하는 일은 위험합니다. 자신의 정서 상태가 위험하다는 걸 솔직하게 인정한다면, 행동을 할 차례입니다. 운동을 시작하거나 시간을 내어 좋은 사람들을 만나거나, 심리 상담을 하는 거죠. 우울의 감정에 깊이 빠진 사람들에게 가끔 듣는 말이 있습니다.

"혼자서 근무하고 있을 때면 죽고 싶다는 생각이 많이 들어요. 해결할 방법은 없고 희망도 보이지 않으니…. 깨끗하게 나 하나 없어진다고 뭐 세상이 달라질 것도 없는데, 내 고통은 죽어야 끝나니까요."

다행히 상담실에 오셔서 이런 말을 한 사람들 중에는 극단적인 선택을 한 경우가 없었습니다. 그러지 않겠다는 서약서를 작성하거나, 혹시라도 그런 생각이 들면 꼭 즉시 내게 연락하라는 약속을 한 것만으로 효과가 있기 때문입니다.

1장에 등장했던, 안전교육을 여러 번 수강한 직원의 경우에도 일과 관계가 모두 엉망인 상황에서는 정서상태가 불안정해지면서 고의적으로 안전에 위반하는 행동을 했었다고 합니다. 다행히 안전심리 교육 중, "불안전행동을 이끄는 원인들 중 위반이 가장 위험할 수 있습니다. 심리상담을 받아야 합니다~"라는 말에 마음이 많이 찔려 수양을 했다 합니다(웃음).

저는 힘들어하는 모든 사람이 심리상담을 받아야 한다고는 생각하지 않습니다. 오히려 외부의 강제적인 개입으로 상담을 받는 경우 생각지도 않은 부작용이 생길수도 있습니다. 상담이 그냥 무조건 싫을 수도 있고 취향에 맞지 않을 수도 있습니다. 맘 맞는 친구와 술 한 잔 하면서 편하게 털어놓거나, 운동이나 취미에 몰입하면서 마음이 치유될 수도 있습니다. 또 개인상담이 아니더라도 심리교육을 통해서 자연스럽게 변화가 될 수도 있습니다. 심리교육을 통해 많은 사람을 만날 수 있고 함께 성장할 수 있으니 참으로 감사합니다. 사건이나 외상을 경험한 이들 역시 모두가 다 개인상담을 받을 필요는 없습니다. 조직의 시스템에 의해 일정기간 내에 상담이나 교육을 받아야 한다면 그것 또한 일종의 폭력이며 외상의 경험이 될 수도 있습니다.

개인마다 외상을 처리하는 방법과 시간이 다릅니다. 우리는 곁에서 기다려줘야 합니다. 그리고 본인이 말할 수 있는 힘이 생겼을 때, 한 번 마음을 정리하고 싶을 때 언제든 찾아갈 수 있는 사람 또는 심리상담실과 같은 안전기지가 필요합니다.

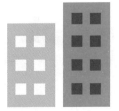

뵈는 게 없어요!

안전의 시작은 잘 보는 겁니다. 그런데 평소에는 잘 보이던 것도 시간에 쫓기거나 마음이 급해지면 보지 못하게 됩니다. 화가 나면 생각의 폭이 좁아지고, 불안이 높아지면 시험지가 하얗게 되기도 합니다. 정서는 생리적 반응을 동반하고 신체감각에 영향을 미치기 때문에, 부정적인 정서는 마음과 몸 모두를 상하게 할 수 있습니다. 아래의 그림을 보세요.

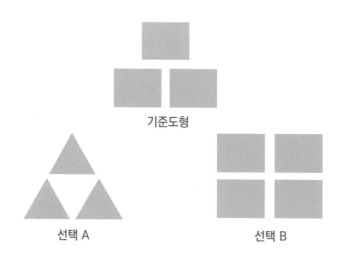

프레드릭슨(Fredrickson), 2003

선택 A와 선택 B중에 기준 도형과 더 비슷하다고 생각되는 건 뭔가요? 통계적으로 B보다 A를 선택한 사람이 현재 긍정적 정서 상태일 확률이 높다고 합니다. 긍정적 정서에서는 시야가 넓어지므로 기준 도형의 사각형 하나하나에 집중하기보다 전체적인 윤곽을 보면서 전체적으로 삼각형 형태인 A를 선택하게 됩니다. 반면, 부정적인 정서 상태에서는 시야가 좁아지기 때문에 개별 도형에 집중하면서 사각형 형태인 B를 선택한다고 합니다.

실제로 현장방문 교육(제철소 내 공장에서 진행하는 교육)과 안전문화 체험관 등 기타 장소(제철소 외부)에서 실시하는 교육 참가자들의 반응이 달랐습니다. 현장방문 교육에서는 근무 중에 바로 교육에 참가하시는 분들이 많아서인지, 다른 장소보다 B를 선택한 비율이 더 높았습니다.

부정적인 정서 상태가 모두 나쁜 건 아닙니다. 상황에 따라 부정적인 정서도 반드시 필요합니다. 완전히 필요 없다면 아마도 부정적인 정서는 이미 진화상 전멸했을 테니까요. 작업 시에는 너무 긍정적인 정서보다는 적당히 긴장하고 각성돼 있는 부정적 정서가 오히려 안전에 도움을 줍니다. 반대로 여름 휴가지에서 B를 선택한 사람이 대부분이라면, "몸은 바닷가에 마음은 회사에 있나보다….”라고 추측할 수 있겠죠?

특정 상황에서의 정서적 상태가 사고와 더 큰 연관을 가지고 있다는 연구결과가 점점 많아지고 있듯이, 현장에서 근무하고 있는 상황에서는 너무 편안해 이완된 상태보다는 약간의 긴장을 갖는 편이 더 안전한 정서 상태입니다.

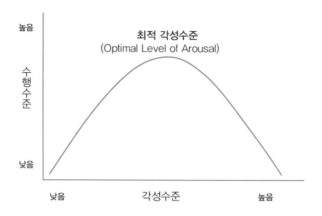

요크스-다드슨의 법칙(Yerkes&Dodson's Law)

　그렇다면 과하게 부정적인 정서 상태에서는 어떤 일들이 생길까요? 상사에게 마구 대드는 부하직원을 보면 "뵈는 게 없나, 미쳤나 보다. 뒷일을 어떻게 감당하려고, 저런 애가 아닌데…." 걱정이 됩니다. 부하직원은 후에 자신이 왜 그랬는지 후회를 하지만 이미 물은 엎질러졌습니다. 분노가 극에 달하면 정말로 뵈는 게 없나봅니다. 앞뒤 생각할 여유가 하나도 없는 마음에서는 평소와 다른 행동을 하게 됩니다. 순간적으로 폭발해 처신은 생각도 못하고 결국 관계도 원만하게 해결하지 못한 채, 상사만 보면 주눅이 들어 피해 다니다가 또 다시 울컥해서 폭발하는 악순환이 지속됩니다.

　불안전한 행동을 하는 원인이 훈련이나 교육이 부족해서일 수도 있고, 시간에 쫓기거나 매우 급한 상황이거나, 나이가 들어 기억력이 감퇴하거나 행동이 느려져서일 수도 있습니다. 이런 원인들은 의도적이 아니었기 때문에 비교적 나은 편입니다.

　그런데 "한 번 당해봐라. 내가 죽거나 크게 다쳐야 정신 차리지. 날 그동안 무시했지?" 분노로 차올라 일부러 규칙을 위반하는 경우는 매우 위험합니다. 부정적인 정서가 선택의 순간에 합리적으로 작용하기보다는 충동적이고 파괴적인 선택을 하도록 이끌기 때문입니다. 진정으로 자신을 해치고 싶은 사람은 없을 겁니다. 극단적으로 파괴적인 행동을 한 사람들도 순간적인 충동성에 의해, 폭발하는 분노에 의해 정서를 통제하지 못한 결과이지, 진심으로 자신을 파괴하고 싶지는 않았을 겁니다. 그런 행동들을 통해 최종적으로 얻고자 하는 것은 오히려 관심, 연결, 공감, 인정 등과 같은 욕구일 겁니다.

기억이 안 나요

    어떤 사람들은 상처가 될 말들을 잔뜩 해놓고 자신은 금방 잊어버렸다고 하면서 "나는 뒤끝이 없는 사람이야."라고 합니다. 상대방에게는 잊을 수 없는 상처를 주고는 나중에 "어떻게 그런 말을 할 수 있냐?"라는 말을 들으면 "내가 언제 그랬어?" 하면서 생각이 안 난다고 합니다. 자신에게 불리하니까 생각이 안 난다고 에둘러 말할 수도 있지만 진짜로 생각이 안 날 수도 있습니다. 분노상태에서 폭발한 언행은 정확히 기억하지 못할 수도 있으니까요.

    위급하거나 돌발 상황에서 정서가 불안해지면 외웠던 규칙이나 방법들이 기억 나지 않을 수도 있습니다. 보통 머리가 하얘진다고 하죠? 숲속에서 귀신을 만나거나 호랑이를 만나면 도망가야 하는데 몸이 말을 안 들어서 얼음이 돼버리듯, 우리의 인지상태가 정지되는 겁니다. 시험불안이 높은 학생들이 열심히 공부했는데 막상 시험지를 풀 때면 기억이 안 난다든가, 발표불안이 있는 사람이 밤새워 준비한 내용을 잊어버리는 경우도 해당합니다.

    위급상황에서 머릿속이 정지된 사람에게 '규칙이나 지식을 충분히 숙지하지 않았다. 태도가 불량하다.'라는 질타는 의미가 없습니다. 위급 상황 시 아무것도 기억나지 않더라도 습관적으로 안전행동을 하게끔 하는 방법을 함께 고민해 봐야겠습니다.

다음 중 작업을 하고 있을 때 긴급 이상사태 또는 돌발사태가 되면 순간적으로 긴장해 판단 능력의 둔화 또는 정지 상태가 되는 것을 무엇이라고 하는가?

① 의식의 우회　　　　② 의식의 과잉

③ 의식의 단절　　　　④ 의식의 수준 저하

답: 2번

부정적 정서와 정보의 양

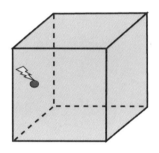

　이 그림 생각나죠? 아무리 집중해서 잘 봐도 한 번에 하나씩밖에 보지 못하기 때문에 내가 안전한 지점은 한 부분뿐이니 동료가 중요하다고 했습니다. 그런데 대부분의 사람들은 중성적인 자극보다는 정서적 자극에 더 주의를 기울입니다(Bradley, 2009). 그리고 불안한 사람은 특히 위협적인 자극에 강하게 주의집중을 합니다(Cisler & Koster, 2010). 사고가 나면 사고를 낸 당사자뿐 아니라 그 조직 전체가 정서적으로 불안해지게 됩니다. 원시시대부터 생존하기 위해서는 위협적인 자극에 더욱 민감하게 반응해야 했으니 당연한 일일겁니다. 그렇다고 해서 하나의 위협적인 자극(사고가 난 장소, 시스템, 장비 등)에 많은 사람이 심하게 집중하면 나머지 자극들을 놓칠 수 있습니다.

앞에서도 말했듯 사고 후에도 다양한 자극과 넓은 범위에 주의를 기울일 수 있도록 직원들의 마음을 잘 다독여, 평소와 다름없이 안정될 수 있는 분위기나 조직문화를 조장하는 게 중요하다고 생각합니다. 긍정 정서들은 우리가 세상에 대해 생각하는 방식을 변화시키고 도움이 되는 정보와 자원을 모으는 데 도움을 줍니다. 또한 주의가 넓어지도록 촉진해 다양한 각도에서 문제를 대처할 수 있는 사고의 유연성을 향상시킵니다. 평소에 긍정적인 정서를 많이 경험하면서 정서를 잘 조절할 수 있게 되면, 위기 상황에서의 불안 수준도 조금은 낮출 수 있을지도 모릅니다. 부정적 정서도 무시하거나 억압하지 않고 자연스럽게 경험해 위험한 자극에 적절히 대처할 수 있어야 합니다.

? 돌발 퀴즈

다음 중 주의의 특성에 관한 설명으로 적절하지 않은 것은?

① 한 지점에 주의를 집중하면 다른 곳에의 주의는 약해진다.
② 장시간 주의를 집중하려 해도 주기적으로 부주의의 리듬이 존재한다.
③ 의식이 과잉 상태인 경우 최고의 주의집중이 가능해진다.
④ 여러 자극을 지각할 때 소수의 현란한 자극에 선택적 주의를 기울이는 경향이 있다.

답: 3번

먼저 정서적 상태를 인지하라

아래의 그림은 투사적 심리검사의 일종인 로샤 카드 중 하나입니다.

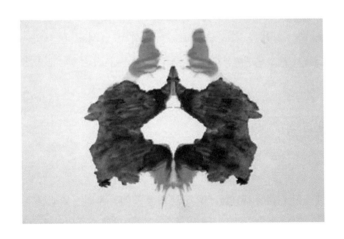

무엇이 보이나요? 정답은 없으며 자유롭게 떠오르는 대로 말하면 됩니다. 가장 많이 나오는 반응은 동물 두 마리입니다.

"코끼리 두 마리가 코를 맞대고 있다."

"사람이 하이파이브를 하고 있다."

그런데 형태를 인지하는 건 정상이기에 동물 두 마리를 발견하기 쉽지만, 우울하거나 부정적인 정서 상태에서는 내용이 달라집니다.

하이파이브를 하는 게 아니라 피터지게 싸우고 있다고 보는 거죠. 자세히 보면 검은 몸통 군데군데 피멍이 들어 있고 무릎에서는 니킥을 날렸는지 피가 튀고 있습니다. 이처럼 똑같은 그림을 보고도 다르게 받아들입니다.

산후우울증에 힘들어하는 한 여성은 이 카드에서 울고 있는 여인을 봤습니다. 카드의 가운데 부분을 중심으로 흰 공백을 살펴보세요. 보이나요? 안 보여도 괜찮습니다.

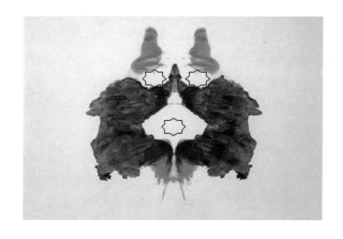

부정적인 정서 상태에서는 중립의 자극이나 심지어 긍정적인 자극마저도 삐딱하게 받아들일 수 있습니다. 자신의 정서적 상태를 인지할 수 있다면, 부정적인 정서 상태에서는 중요한 선택이나 대화를 하기 보다는 피하는 게 나을 수도 있습니다.

예민해도 너무 예민해

사람마다 자극에 대해 반응하는 정도가 다릅니다. 살짝만 때려도 엄청 아프다며 눈물까지 흘리는 사람이 있는가 하면, 분명 세게 맞았는데도 별 고통을 느끼지 않는 사람이 있습니다. 손만 다가가도 간지럽다며 몸을 비비 꼬는 사람도 있지만 겨드랑이를 간질여도 웃음을 오랫동안 참을 수 있는 사람이 있습니다.

감정도 비슷합니다. 남들이 알아채지 못하고 지나치는 미묘한 분위기를 감지해서 혼자 기분이 상하는 사람이 있는가 하면, 심각한 상황인데 혼자 눈치 채지 못해서 "둔하다 둔~해. 속도 편하다."라는 평가를 받는 사람도 있습니다.

〈공주와 완두콩 이야기〉

옛날 옛날에 한 왕자가 진정한 공주를 아내로 맞이하고 싶었다. 왕자는 수많은 공주들을 만나봤지만, 다들 어딘가 공주답지 못한 결함이 있어서 자기 짝이 없음에 슬퍼했다.

그러던 어느 폭풍우가 치는 밤, 왕자의 성에 한 공주가 찾아왔는데 비바람에 엉망진창이 된 몰골이었다. 그런데도 공주는 자기가 진짜 공주라고 주장했으며 자기를 좀 재워달라고 부탁했다.

왕자의 어머니인 왕비는 진짜 공주인지 알아보기 위해 그녀가 묵을 방의 침대를 모두 치운 후 완두콩 한 알을 올려놓고 위에 매트리스 12개, 오리털 이불 12겹을 깔았다. 그리고 공주를 그 위에서 자도록 했다.

다음 날 아침, 공주에게 잘 잤냐고 묻자 그녀는 침대에 딱딱한 게 있어서 온 몸에 멍이 들고 제대로 잠을 잘 수 없었는데 대체 뭐가 있었냐고 물었다.

왕자의 가족은 "이렇게 민감하고 예민한 사람이야말로 진정한 공주다" 라고 판단했고 왕자는 공주를 아내로 맞아들였다.

진정한 공주의 유전자를 지닌 민감하고 예민한 사람들에게 전하고픈 좋은 소식이 있습니다. 나이를 먹으면서, 사회생활을 하면서 이리 치이고 저리 치이다 보면 젊은 시절의 욱하던 혈기가 서서히 식어 웬만한 일에는 화도 안 난다고 하는 분들을 많이 봤습니다. 그런데 공주의 유전자를 지닌 사람들은 시간이 흘러도 외부자극에 둔해지지 않기 때문에 나이에 상관없이 청춘과 같은 마음을 지닐 수 있습니다.

안 좋은 소식은 "이 나이 정도 되면 이제 내려놓아야 하는 거 아냐? 똑같은 일에 왜 매번 속상해하고 그럴까? 힘들어 죽겠다."라는 하소연을 오랜 동안 한다는 겁니다. 예민한 분들은 속상하죠. 나는 분명 느꼈는데 사람들은 나더러 이상하다고 하니까요.

나의 민감성, 혹은 나의 둔함에 대한 인식이 생겼다면 보통의 수준을 알아야 합니다. 안정감이 중요한 인간관계에서 예민한 공주님이 뭔가를 느끼고 불쾌감이 들면 주변을 살펴 다른 사람들의 반응을 봐야 합니다. 다들 별일 없다 싶으면 "음~ 내 고귀한 유전자가 아주 적극적으로 활동하는구나…." 하며 그냥 지나쳐버리도록 노력하면 됩니다.

"다들 무슨 꿍꿍이가 있어, 내가 모를 줄 알았나?", "내 그럴 줄 알았어. 일주일 전부터 날 보는 눈이 심상치 않더니. 오늘은 아예 인사도 안 받아, 기가 막혀서!" 혼자 소설을 쓰며 고민하기보다는 다른 사람들을 관찰하면서 보통의 반응에 맞추는 게 훨씬 정신건강에 좋습니다. 반대로 둔한 정서를 타고난 사람들은 예민한 사람들에 대해 "왜 저래? 어느 장단에 춤을 춰야 하는지, 나 원 참, 까칠해서는.", "저런 성질머리로 사랑받겠어?", "내가 싫은 거지, 좋아봐, 다 이해하지." 하는 마음이 들 거예요. 이에 대해 "일부러 느끼려고 그러는 것도 아닌데 참 힘들겠네."하며 너그럽고 다소 불쌍한 마음으로 보면 어떨까요?

회사에서 정서에 영향을 미치는 요인은 인간관계와 일인데, 일 때문에 힘들어 회사를 그만두고 싶다는 사람은 별로 없습니다. 일이 힘들어도 인간관계가 좋으면 참을 수 있지만, 사람 때문에 괴로워서 더 이상은 회사를 다니고 싶지 않다는 사람들이 대부분입니다.

앞에서도 언급했듯, 현장에서 나의 안전을 지켜주는 사람들은 내 옆의 동료들입니다. 내가 보지 못한 것들을 보고, 사랑의 지적확인을 해주는 동료들! 그러나 지적은 지적이기에, 좋은 사람이 해야 그나마 효과가 있습니다. 좋은 인간관계의 필요충분 조건은 '소통'입니다. 다음 장에서는 소통에 관해 이야기 나눠 보겠습니다.

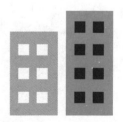

5장

소통

성격도 표준화하라고요?

"오늘은 그림을 통해서 서로를 알아가는 시간을 가져보도록 하겠습니다. 집-나무-사람을 A4용지에 자유롭게 그려주세요."

"애들도 아니고, 별걸 다 시키네…."

"그림 그려본지 몇 십 년이 지났구만…."

"그림을 못 그리는데 어떡하지?"

여기저기에서 투덜거리지만, 사람들은 열심히 그림을 그립니다. 몇 초 만에 후딱 그리고 옆 사람의 그림에 참견하는 사람도 있고, 시간이 모자랄 정도로 세심하게 그리는 이들도 있습니다. 맨 앞자리에 앉아 있던 나표준 과장이 옆 신입사원의 그림을 보더니 한 마디 합니다.

"아니! 말을 도통 안 듣네. 집-나무-사람을 그리라 했는데 이상한 그림을 다 그려놓고, 딴 짓을 하네. 이렇게 하면 안 되지. 날 보라고, 나처럼 그려야지! 쯧쯧…."

나 과장의 그림을 볼까요?

"과장님, 다른 사람들은 어떻게 그렸는지 한 번 둘러보세요~"

교육 참가자 50명 중, 나 과장과 비슷하게 그린 사람은 딱 2명이었습니다. 강사의 말 그대로 군더더기 없이 그린 그림. 순서도, 비율도 정확하게 그려진 그림이었습니다.

나 과장은 어리둥절한 표정으로 "아니, 다들 이상하게 그렸네? 이해가 안 가는데….."라고 말했습니다. 나 과장의 그림은 산업현장에서 본다면 표준화 그 자체였으며, 나머지 47명의 그림은 표준 절차를 지키지 않은 안전하지 않은 그림이라 할 수 있습니다.

<신입사원의 그림>

"집-나무-사람을 그려주세요."라는 요청에 반응하는 양식은 우리의 평소 모습처럼 제각각입니다(나 과장처럼 그리는 비율이 보통은

30% 정도 나왔는데 그 날은 유독 다행히 적게 나왔다).

우리는 의미 있는 스토리 만들기를 좋아하기에 집, 나무, 그림을 그리라는 제시에도 그대로 그리기보다 하나의 완성된 그림을 그리는 경우가 많습니다. 일상의 대화를 보더라도 겉으로 드러난 의미 이외의 내포된 의미를 생각하고, 때로는 오해를 하면서 혼자 끙끙대기도 하는 겁니다.

나 과장은 한 치의 오차도 허용하지 않는 꼼꼼하고 정확한 사람입니다. 현장에서는 누구보다도 안전할 수 있지만, 인간관계적 측면에서는 왠지 불편하고 그의 앞에서는 주눅이 들거나 공감 받지 못하는 느낌이 들어 부담스럽기도 합니다. 나 과장의 언어는 명료해 현장에서 근무할 때에는 좋지만, 일상의 생활에서는 다른 분들의 언어를 수용하는 데에 다소 어려움이 있는 경우가 많았다고 합니다. 우리는 완벽히 솔직하게 말하지 않으니까요. 더군다나 회사에서라면 얼마나 에둘러 말할 때가 많을까요?

작업과정에서의 표준화를 사람의 성격에게도 적용한다면 어떻게 될까요? 어떤 성격의 사람이라도 안전한 행동을 할 수 있습니다. 작업과정에서 표준화를 잘 수행하되 다양한 성격이 존재해야 살아있는 조직이라 생각합니다. 모두의 성격이 똑같다면 분명 경직된 조직이며 수동적인 태도로 기계처럼 돌아가는, 생명이 없는 조직이 아닐까 싶습니다.

안전문화나 행동변화에 있어서 기존의 방법으로 잘 되지 않는다면 창의적이고 혁신적인 아이디어가 필요합니다. 이를 위해서 조직에는 다양한 성격의 사람이 필요합니다. 평소 '조금 튀네….', '독특하네….' 라고 느껴지는 동료가 있다면, 그 사람에게 감사한 마음을 지녀야 할 겁니다. 하나로 통일된 성격의 조직은 거짓으로 행동하고 있는 것이므로 오래 가지 못할 겁니다. 그리고 거짓된 행동을 연출하느라 과하게 에너지를 써서 점점 주의가 산만해질지도 모르니까요.

내가 볼 땐 완전히 내향적인데, 아닌가?

후배들과 친하게 지내고 싶은 표나게 과장은 전보통 사원에게 아쉬운 점이 있습니다. 그래서 표 과장은 전 사원의 빅파이브 성격검사 결과에 의의를 제기했습니다.

전보통 사원의 결과

성실성	친화성	외향성	개방성	신경성
매우 높음	높음	높음	보통	낮음

"거짓으로 했구만, 보통이는 완전히 내향적인데…. 하루에 말을 한두 마디 정도만 한다니까. 그런데 어떻게 외향성이 높다고 나왔대? 제대로 한 거 맞아? 선생님 말 잘 들었지? 외향성이 안전행동에 중요하다고!"

전 사원이 아무 대답도 못하고 있어서, 일부러 비슷한 연령의 동료들에게 물어봤습니다.

"보통 님이 정말 하루에 한두 마디 하세요?"

"아니요, 표 과장님 앞에서만 말을 안 해요. 핫핫핫, 우리하고 있을 때는 말 잘 합니다."

아마도 동기사원 편을 들어주는 눈치입니다. 집단상담을 마치면서 시간이 부족하니, 대표로 한 명만 소감을 말해달라고 했습니다. 이에 표 과장이 바로 전 사원에게 하라고 시킵니다. 전 사원은 큰소리로 또박또박 소감을 말해주더라고요. 완전히 내향적인 사람은 아닌듯 합니다만(웃음)….

이 팀은 재미있게도 전 사원을 제외한 모든 팀원의 외향성이 매우 높음이었습니다. 실제로 전 보통 사원은 외향적인 성향이었지만, 워낙에 높은 외향성을 지닌 집단에서는 내향적으로 보였던 거죠. 또, 자꾸만 선배로부터 "내성적이다. 말 좀 해라."라는 지적을 받으니까 눈치를 보게 되면서 회사에서는 왠지 내향적인 모습으로 변해가고 있었습니다.

외향성의 수준에 차이가 나게 되면 같은 성향이라도 반대의 성향으로 오해할 수 있습니다. 차라리 완전히 반대의 성향이라면 인정하기도 쉬운데, 같은 성향인데 정도의 차이가 날 경우에 오히려 서로를 오해하는 경우가 많습니다. 소통의 시작은 다름을 인정하는 겁니다. 그리고 "내가 저 사람을 잘 안다"라는 착각에서 벗어나는 겁니다.

카드와 함께하는 "내 마음을 맞춰봐"

아래의 그림을 보시면서 제시 단어에 가장 어울리는 그림을 골라 보세요.

제시 단어 <사랑>

①　　　　　　②　　　　　　③　　　　　　④

© 코리아보드게임즈, '딕싯'.

여러분은 몇 번을 고르셨나요? 저는 이 그림들을 준비하면서 대부분의 사람들이 4번을 고를 것이라고 예상했습니다. 제게 사랑은 약속, 신뢰 이런 느낌이어서, 4번 그림의 노란 링이 사랑의 상징인 '반지'로 보였거든요. 그런데, 예상과 다르게 가장 많이 나온 그림은 3번이었습니다. 다시 생각했죠. '음⋯. 위험한 순간에서도 자신의 희생을 각오하면서 사랑하는 사람을 구해주는 게 사랑이라고 생각하다니, 정말 우리 직원 분들 멋있네!'

"3번 그림이 가장 많이 나왔네요. 선택한 이유를 대표로 몇 분만 말씀해주시겠어요?"

"딱 보면 몰라요? 그냥 보이는데요~"

"네?"

"하트요. 하트. 사랑표시가 있잖아요?"

"어디요?"

"그것도 아픈 사랑이네요. 삐죽삐죽…."

세상에나…. 괴물의 입이 하트모양이었던 겁니다. 그 얘기를 듣기 전에는 전혀 인식하지 못했습니다만, 듣고 보니 진짜로 커다란 하트가 가운데 떡하니 있네요. 가시로 잔뜩 뒤덮인 아픈 사랑입니다. 더 충격적이었던 것은, 3번을 선택하신 분의 90%가 같은 이유였다는 것이었습니다. 제가 예상한 '희생적인 사랑 어쩌고~'는 5% 정도에 불과했습니다. 저만 딴 세상에 있는 느낌이었습니다.

두 번째로 많이 나온 대답이 2번 그림이었는데, 이번에도 역시나 보기 좋게 예상을 빗나갔답니다. 제 생각에 2번 그림은 '삼각관계'를 나타낸 그림이었거든요. 두 남자를 사이에 두고 갈등하는 여인. 신입사원들이나 젊은 직원 몇몇은 저와 의견이 비슷했지만, 2번 그림 선택 이유의 대부분은 달랐습니다.

"저 여자가 나를 보고 있어요. 우리 와이프로 보이네요. 그리고 옆에 있는 조그만 사람은 우리 아이들이고요. 내 어깨가 무거워요. 와이프랑 아이들이 저만 바라보고 있네요. 그래서 저는 아파도 편히 아프지 못해요. 제가 무너지면 우리 가정이 무너지니까요. 그래서 참고 다닙니다. 화가 나도 참고, 더러워도 참고…." 마음이 아파왔습니다. '사랑'이라는 단어에 연상되는 이미지가 낭만적이고 아련한 느낌보다는 책임감이나 부담이 먼저 다가오다니, 우리 직원들이 참으로 힘들게 일하는구나! 하고 확 느껴졌기 때문입니다.

제 입장에서 예상한 답들과는 확연히 다른 생각들을 접하면서, '다른 분들의 생각을 듣기 전에는 함부로 아는 척하며 속단하면 안

되겠다'라고 굳게 다짐했습니다.

또 한 가지 느낀 점은, '동일한 답이 나왔더라도 같은 생각이 아닐 수 있다'라는 거였습니다. 4번 그림을 택한 사람들에게 기대를 가지고 물어봤더니, "머리카락 빗겨주듯이 보살펴 주는 게 사랑이지 않겠느냐?" 하더라고요. 그래서 살펴 보니, 노란 링이 반지가 아니라 머리끈이었습니다.

동일한 행동을 하거나 동일한 답을 고르더라도 한 번 더 물어보고 이야기를 나눠봐야 진짜 이유를 알 수 있다는 것(2장에서 다뤘던 안전모를 쓰지 않은 원인들의 이유를 알기 위해서는 잘, 여러 번 경청해야 한다는 것과 비슷합니다)을 다시 한 번 느꼈습니다. 아주 겸손해지더라고요. '타인에 대해 알고 있는 게 거의 없다.', '그러니까 잘 듣고 오해하지 말아야겠다.'

하나 더 해보겠습니다.

제시단어 〈점〉

①   ②   ③   ④

© 코리아보드게임즈, '딕싯'.

'점' 이라는 단어는 피부에 난 '점'일 수도 있고, 행운을 점쳐보는 '점'일 수도 있으므로 다양한 반응을 기대했습니다. 저의 선택은 4번 그림이었는데, 행운의 '꽃 점'의 의미에서였습니다. 예전에 아카시아 꽃잎을 하나씩 떼어내면서 "그렇다, 아니다, 그렇다, 아니다…."

하던 추억이 떠올랐거든요. 가장 많이 선택된 카드는 3번이었습니다.

1번 카드는 점집이 생각나서, 2번 카드는 계단 끝이 점처럼 까마득해 보여서라고 했습니다. 재미있는 점은 2번 카드를 택한 이유가 두 가지로 확연히 달라진 것이었습니다. 회사생활을 10년 이상 한 이들은 평균보다 성취욕구가 높은 사람들로 계단 하나가 성취해야 할 단계들이고 점을 목표점으로 본 반면, 비교적 회사생활이 짧은 5년차 미만의 분들은 밀려드는 끝나지 않을 것 같은 까마득한 업무가 점으로 보인다고 했습니다.

하마터면 저의 소울메이트라고 착각할 뻔 했던, 아주 드물게 4번 그림을 선택한 사람의 말, "꽃잎이 다 떨어지면 똥~그란 점이 남아서요." 역시나! 나와 생각이 같다는 기대는 혼자만의 착각이었습니다. 신기한 점은 처음 괴물의 입을 하트라고 인식한 이들의 대다수가 두 번째에서도 3번 그림을 선택했다는 겁니다. 선택의 이유 역시거의 같았는데요~ 짐작이 가나요? 이번엔 저도 이유를 예측할 수 있었습니다.

"혹시…. 가운데의 빨간 점 때문에 그러나요?"

"네! 빨간 점도 있고 왕 점도 있고 점들이 아주 많습니다~"

갑자기 궁금해졌습니다. 두 번 연속 사람들이 동일한 이유로 동일한 선택을 했다면 뭔가 이유가 있지 않을까요?

심신의 상태와 추상적 사고의 상관관계

　우리는 어떤 현상을 볼 때, 개개의 감각적 부분이나 요소를 먼저 보기 보다는 하나의 그 자체로서 전체적으로 구성된 구조나 갖고 있는 특질에 중점을 두고 파악합니다. 2장에서도 잠깐 언급했던 바, 이런 전체성을 가진 정리된 구조를 독일어로 게슈탈트(Gestalt)라고 부르는데요. 그림을 처음 볼 때에도 하나씩 부분에 집중하기보다는 의미 있는 하나의 전체로 보는 게 일반적입니다.

　앞서 봤던, 괴물이 사람(혹은 요정)을 잡아먹으려 하는 그림에서 하트 모양은 입으로 기능하는 거지 하트 모양으로서 독자적인 의미를 갖지는 않을 겁니다. 그런데 많은 분들이 한 눈에 전체를 보기보다는 하트를 찾아냈고 두 번째에서 역시 전체보다는 달랑 둥그런 점 모양의 형태에 반응했다는 겁니다.

　더욱 신기했던 것은, 물리적으로 험한 환경(신체적으로 힘든)에 있는 조직일수록 부분적으로 답하는 경향이 높았다는 겁니다. 그래서 다른 유형의 질문을 해봤습니다. "나무와 매미의 공통점은 뭐라고 생각하나요?"

　"여름이요!"

　"두 글자요~"

　"색이 칙칙해요."

　"받침이 없어요…."

여러분의 답은 무엇인가요? 위의 문제는 웩슬러 지능검사(예전 버전) 중 추상적인 언어능력을 재는 문제입니다. 위의 언급된 답들은 다 0점짜리 답입니다. 추상적인 사고와 대비되는 사고는 감각적인 사고, 1차원적인 사고라고 할 수 있습니다. 예를 들면, '사과'라는 단어에 연상되는 것은?

"빨개요."

"새콤달콤해요."

"입에 침이 고여요."

등의 답들은 사과의 물리적인 속성, 우리의 감각을 통한 사고에 의한 연상입니다(최근에는 '아이폰'이라고 하시는 분들이 많아졌습니다). 반면에, "뉴턴", "이브의 유혹"과 같은 연상을 하시는 분들은 즉각적인 감각의 의한 사고가 아닌, 몇 단계 이미 거친 추상적인 사고를 하신 분들입니다(혹시 몰라 부연 설명을 하자면, 뉴턴이 사과나무에서 사과가 떨어진 것을 보고 만유인력의 법칙을 발견했습니다).

그렇다면 많은 직원 분들이 일차적인 사고를 한다는 걸까요? 그럴 수도 있지만, 전체를 보기보다는 부분을 보고 추상적인 사고보다는 감각적인 사고의 경향이 높은 건 피로감으로 에너지 수준이 낮아진 결과로 볼 수 있습니다.

심신이 지쳐 있는 상태에서는 추상적인 사고가 줄어듭니다. 그냥 눈에 보이는 대로, 즉각적으로 반응하게 됩니다. 전체를 보면서 스토리를 만드는 데에도 심리적 에너지가 들어갑니다. 워낙에 교육태도가 좋은 사람들이기에 대답은 해야겠는데 에너지가 고갈된 상태에서 한 눈에 들어온 하트, 점의 자극에 반응한 거라 예상됩니다. 만약, 특정 조직이 유난히 부분에 반응하고 추상적인 사고에 취약하다면 업무가 상대적으로 과도한 것은 아닌가 살펴봐야 합니다. 심신의 피로감이 타 조직에 비해 높은 조직일 수 있습니다.

앞에서는 정서가 예민한 사람이 특히나 위협적인 정보에 집중하는 경향이 높다고도 했고, 부정적인 정서 상태에서는 시야가 좁아져서 입력되는 정보의 양이 적어져 상황대처 능력이 떨어진다고 했습니다. 이번 그림을 통한 사례에서는 개인의 성향이 아니라 환경적, 물리적인 요소가 개개인의 집중력이나 사고의 유연성에 부정적인 영향을 끼침을 보여주고 있습니다.

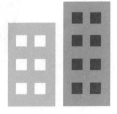

주의와 부주의는 동시에 존재하는 것

손가락을 이용해 지속적인 주의력을 알아보는 검사들이 있습니다.
컴퓨터 화면에 다음과 같은 지시 사항이 나옵니다.

이제 곧 연속 수행능력 검사를 시작합니다.

이 검사의 목적은 특정한 숫자에만 반응하는 능력을 검사하는 것입니다.

화면에 '1'이 나오면 키보드 화살표의 왼쪽 버튼을 누르시고,

나머지 숫자들이 나오면 오른쪽 버튼을 눌러주세요.

숫자가 100회 제시됐을 때, 100% 정확하게 반응한 사람들이 얼마나 될까요? 주의력 검사를 하고 나면 반응이 재밌습니다. "컴퓨터가 에러가 났다. 난 분명 다 맞았는데 2개 틀린 것으로 나왔다." 라고 우기는 분. "처음엔 이해를 못해서 거꾸로 해서 많이 틀렸다.", "머리는 왼쪽을 누르려고 하는데, 어느새 손가락이 오른쪽을 누르고 있어서 짜증이 났다." 등 다양합니다. 아주 간혹 100% 정확하게 수행한 사람들이 등장하면, 주변인들은 "나도 천천히 하면 다 맞출 수 있다"라고 하십니다. 과연 그럴까요?

"1개 틀려서 약이 올라 100점 맞으려고 다시 했는데 2개 틀려 열받아 또 했더니 더 틀려서 때려 치웠다"라는 말이 맞을 겁니다. 흔히 우리는 '주의'의 반대개념으로 '부주의'를 생각하지만, 부주의는 주의를 지속하고 있는 사이에 끊임없이 발생하는 겁니다. 주의와 부주의를 동시에 존재하는 것으로 여기고 "주의하지 않으니까 그렇지."라는 속단에서 벗어나야 합니다.

소통은 '주의하는 동안에도 부주의가 발생하는 게 인간의 특성이다.' 라는 보편적인 인간의 특성에 대한 이해가 기초가 돼야 이뤄집니다.

자신이 100% 정확하게 반응하는 아주 소수에 해당하는 사람인데, 일반적인 사람들의 주의 수준을 무시한 채 자기의 기준에만 맞춰 목표를 정하고 평가한다면 참으로 위험한 일이 아닐 수 없습니다. 인간의 고유한 특성에 대해 잘 알고 있어야 자신을 기준으로 한 편견에 빠지지 않고 상황을 객관적으로 판단할 수 있습니다. 인간의 고유한 특성 중 주의에 대해 다시 한 번 살펴보겠습니다.

뇌파의 의식수준이 말해주는, 주의란?

주의란 간단히 '정신을 집중하는 것'이라 말할 수 있습니다. 사고의 원인이 부주의라고 하는 단순한 인식에서 벗어나려는 노력은 시작됐지만, 사고방지의 대책에는 주의에 대한 부분이 중요하게 다뤄질 수밖에는 없습니다. 인간의 주의력에는 분명한 한계가 있습니다. 또한 시간적으로 지속시간이 어느 정도인지, 공간적으로는 어느 정도의 폭인지 상황에 따라 다양하므로 주의의 한계를 일률적으로 말하기도 어렵습니다. 주의의 특성에는 다음과 같은 사항들이 있습니다.

한 번에 많은 종류의 자극을 지각하기 어려워서 특정 자극에만 한정해 선택한다는 **선택성**, 공간에서 시선의 초점이 맞춰지는 곳은 잘 인지하지만 시선에서 벗어난 부분은 무시되는 **방향성**, 하나의 자극에 대해 지속적으로 명확하게 의식할 수 있는 시간은 1초에서 몇 초 사이라는 **변동성**입니다.

확실한 것은 주의도 뇌파처럼 물결의 움직임과 같다는 겁니다. 아무리 본인이 주의를 하고 있어도 뇌에서는 주의하지 않는 순간이 발생한다는 거예요. 우리의 주의는 짧게는 1초, 길게는 하루 동안 가지각색으로 변하고 있습니다. 특히 대뇌피질의 뇌파 형태를 통해 주의의 수준을 알아볼 수 있습니다.

뇌파의 패턴과 의식수준

파형	의식의 상태	의식의 작용	생리적 상태
델타(Delta)파	무의식, 실신	없음	수면
세타(Theta)파	의식의 둔화	비활동적, 부주의	피로, 단조, 술에 취함
알파(Alpha)파	이완 상태	수동적, 초점이 내면	안정, 휴식, 정상작업
베타(Beta)파	명료한 상태	적극적, 주의범위 확장	적극적인 활동과 작업
높은베타파	과긴장 상태	한 점에 집중, 판단 정지	긴급방어, 패닉상태

　이론상으론 근무 중에는 베타(Beta)파 상태가 많아야 하겠으나, 실제로는 근무 중 2/3~3/4은 알파(Alpha)파에 머물러 있다고 합니다. 특히, 익숙해진 작업의 경우에는 거의 알파파 상태로 일하고 있다고 하니, 일상의 작업에서 알파파로 일해도 위험하지 않도록 설비나 작업환경 개선이 안전에 필수적일 겁니다. 또한 돌발 상황에서는 신속하게 베타파로 전환할 수 있는 훈련이 필요합니다.

　앞에서 말한 휴먼에러 예방에 효과적인 지적확인의 경우, 큰 소리로 지적확인을 하면 베타파로 전환되기 때문에 명료한 상태로 주의의 범위가 확장되고 정확한 판단에 도움을 주게 됩니다.

? 돌발 퀴즈

다음은 인간의식의 공통점을 설명한 것이다. 잘못 설명한 것은?

① 인간의식은 파동을 이루고 있다.
② 인간의식은 중단하는 경향이 있다.
③ 의식에는 대응력의 한계가 있다.
④ 의식은 그 초점에서 멀어질수록 맑아진다고 생각된다.

답: 4번

아래의 영어 문장에서 F가 몇 개 있는지 5~10초 정도의 시간 안에 찾아보세요.

FINISHED FILES ARE RESULT
OF YEARS OF SCIENTIFIC STUDY
COMBINED WITH THE
EXPERIENCE OF YEARS

몇 개의 F를 찾으셨나요? 수능문제 풀 듯 푸신 게 아니라면, 아마도 3개 찾으신 분이 많으실 겁니다.

정답은 6개입니다. 우리는 F를 찾으라는 지시에도 F를 하나의 그림으로 인식하기보다는 의미가 있는 단어로 받아들이는 것에 익숙하기 때문에 FINISHED, FILES, SCIENTIFIC의 F는 빨리 찾지만, OF의 F는 놓치게 되는 겁니다. 세상의 모든 정보를 한 번에 받아들일 수 없기 때문에, 의미 있는 정보 위주로 선택적으로 집중하는 게 생존에 이롭게 때문에 뇌가 현명하게 처리한 결과입니다.

영어시험을 치르는 중이라면 해석을 한다거나 문법을 생각하기 때문에, 6개를 찾아내기가 쉽겠지만 쓰윽 지나가면서 볼 때는 3개를 찾는 게 더 자연스러울 수 있습니다. 의미가 있는 단어인

FINISHED, FILES, SCIENTIFIC는 뇌가 중요한 자극으로 받아들이지만, 뜻이 없는 OF는 지나치는 게 더 인지적으로 이득이기 때문입니다.

어떤 사람들은 4, 5개를 찾기도 하고 심지어는 7개를 본 사람도 있습니다. OF의 3개 F 중 한두 개만 찾으셨거나, 난시가 심하거나 단순히 헷갈려서 THE의 H나 E를 F로 착각한 이들입니다. 3개를 찾은 사람들처럼 현명한 실수를 하거나 4, 5, 7개를 찾은 이들처럼 다소 어설픈 모습이 모두 평소의 우리 모습입니다.

의사소통을 하는 데 있어서도 마찬가지입니다. 비언어적 의사소통도 있지만 대부분의 의사소통은 언어를 통해 이뤄집니다. 쓰윽 한 번 본 메일, 한 번 이뤄진 전화통화, 대면 소통에서도 우리는 어설프게 보고 듣고 받아들입니다. 6개를 찾지 못한 사람들이 덤벙거린다거나, 혹은 자기를 무시해서 대충 읽었다거나 아니면 내용을 다 인지하고도 모른 척 한다고 생각하면 오해입니다. 그런 오해로 혼자 삐져있거나 마음의 상처를 받으면 자신만 손해입니다. 분명 똑같은 메일을 받았어도 다르게 생각할 수도 있고, 미처 못 본 내용이 있을 수도 있습니다. 그럴 때면 한 번 더 보내주거나 말해주면 되고, 다르게 받아들인 것 같으면 물어보면 됩니다.

저는 예전에 가끔씩 14:00를 오후 4시로 착각해 실수한 경우가 있었습니다. 군대를 다녀왔더라면 이런 실수가 적었을까요? 그런데 제가 사과하면서 헷갈렸던 이유를 말하는데도 불구하고, 속으로는 '날 싫어해서 일부러 착각한 척 하는 거야. 말도 안 돼. 앞에 1자를 왜 못 봐, 14하고 4하고 같아…? 누굴 속이려 들어?' 하면서 삐져있다면 본인만 힘들 겁니다.

소통은 '상대방의 말이 일단 맞다'라고 인정하는 데에서부터 시작합니다. 우리의 평소 생활이 '정확하지 않고 어설프다'라는 것을 받아들이고, "기분 나쁨의 90%는 나의 착각이다"라는 겸손한 태도를 지니고 있을 때 자연스럽게 소통이 이뤄집니다. 외부감각에 대한 내 느낌은 착각일 뿐임을 알고 있으니, 쿨~하게 물어보고 마음을 바꿀 수 있으니까요.

? 돌발 퀴즈

작업현장에서 소정의 작업용구를 사용하지 않고 근처의 용구를 사용해서 임시변통하는 인간심리 결함행위에 해당하는 것은?

① 무의식적 행동   ② 지름길 반응

③ 억측 판단   ④ 생략 행위

답: 2번

함께하는 교육의 중요성, 동상이몽

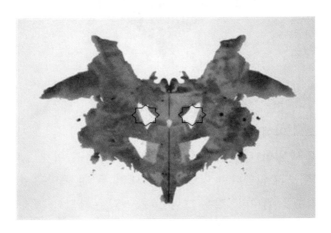

일반적인 눈 위치

앞에서도 한 번 경험했던 로샤 검사의 또 다른 카드입니다. 질문은, "이 카드가 무엇처럼 보이는지 이야기해주세요~"

많이 나오는 대답들은 까마귀, 가면, 박쥐, 동물(얼굴), 천사, 악마 등입니다. 이 중, 동물 얼굴을 가지고 이야기 나눠보겠습니다. 다들 무슨 동물이건 간에 얼굴이 보이죠? 아마도 대부분 양쪽의 귀, 가운데 위의 흰 부분을 눈, 아래 흰 부분을 입으로 봤을 겁니다. 제가 만난 어떤 사람 역시 "여우 얼굴이 보여요."라고 했습니다.

"어떻게 여우 얼굴이 보이는지 자세히 이야기해주세요~"

"저를 째려보고 있어요. 여기 이 찢어진 눈이 무섭네요…. 그리고 코, 입. 입에서는 뭔가 흐르고 있네요."

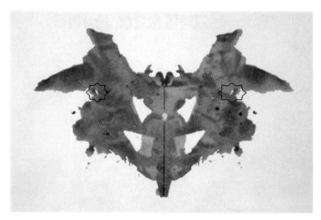

째려보고 있는 눈 위치

들고 보니 이해가 가긴 하는데, 소름이 끼쳤습니다. 그 사람은 눈에 들어오지 않아 대부분 무시하는 작은 자극을 알아챈 겁니다. 한 번 더 물어보지 않았다면 당연히 가운데의 두 흰 구멍을 눈으로 봤다고 생각했을 겁니다. 같은 그림을 보고 같은 대답을 했지만, 다른 생각을 하고 있었습니다. 보는 시각의 첫 단추가 다른 겁니다. 그는 남들이 보지 않는 아주 사소한 단서들에 주의하고 있습니다. 이런 태도가 일상생활에서도 유지된다면, 그는 남들이 보지 못하는 위험 자극들을 잘 찾아낸다는 점에서는 장점이 될 수 있습니다. 하지만, 인간관계적 부분에서는 상당히 어려움을 겪을 겁니다. 내가 무심코 던진 말, 스쳐지나가는 냉소적이거나 기분 나쁜 표정 하나 하나 놓치지 않고 기억하고 있을 사람이니까요.

"나를 째려보고 있는 여우 얼굴을 찾아 보세요~" 하면 간혹 찾아내는 이들도 있습니다. 이런 사람들은 관찰력이 좋거나 사고가 유연해 다른 각도에서 자극을 보는 데 익숙할 겁니다. 앞으로 안전관리자의 길을 가면 환영받을 사람들입니다(웃음).

　하지만, 아무런 단서도 없이 보자마자 귀퉁이의 흰 줄을 눈이라
보는 사람은 정상적으로 회사생활을 하기는 하지만, 마음이 편안하
지는 않을 겁니다. 늘 긴장을 하고 조심성이 너무 많아서 의심이 많
은 사람일 거예요. 찢어진 두 눈의 시각은 내가 타인을 바라보는 시
선일 수도 있고 타인이 자신을 바라보는 시각이기도 합니다. 그 사
람의 입장에서는 오히려 노려보는 그 눈들을 알아채지 못한 대대수
의 사람들이 이상할 수도 있습니다.

　여기에 함께하는 교육의 중요성이 있습니다. 상담실에 홀로 내방
해서 심리검사를 하거나 이야기를 나누면, 상담사를 통해 다른 사람
들의 입장이나 시선을 듣더라도 직접 경험하지는 못하기 때문에 머
리로는 이해를 해도 마음으로 느끼기는 쉽지 않습니다.

　그러나 함께 교육을 받다 보면 상상보다 더욱 '자신과 다른 사람
들이 많다'는 점, '자신은 당연하다고 생각한 내용을 다른 사람들
은 전혀 이해하지 못한다'는 점, 반대로 '다른 사람들이 당연하다고
생각하는 바를 나는 전혀 알 수 없다'는 사실들을 마음으로 느끼게
됩니다.

용기를 내는 데에는 시간이 걸린다

소통을 위해서는 우선 나를 알아야 하고, 인간의 평균적인 특징들을 알아야 하고, 내 옆의 타인들을 알아야 합니다. 그리고 하나 더, 소통을 위해서는 용기가 필요합니다. 앞에서 봤던 로샤카드를 한 번 더 보겠습니다.

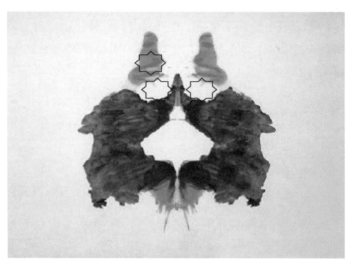

일반적인 반응위치

왕진지 님은 이 카드를 보자마자 '높은 곳을 향해 올라가는 애벌레'라고 말했습니다. 애벌레라고 반응하는 사람들은 가운데 위 양쪽의 흰 부분에서 아주 통통하게 살이 쪄 보이는 애벌레를 보거나, 위 빨간 부분의 가로로 하얗게 된 부분에서 애벌레를 찾아냅니다. 그런데 왕진지 님의 애벌레는 달랐습니다.

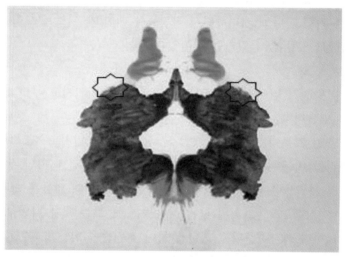

왕진지 님의 반응위치

개성 있는 반응이기에 다른 로샤 카드를 보여줬더니 역시나 예사롭지 않았습니다. 다른 특이한 답변들이었는데, 들으면 이해가 가지만 듣기 전에는 도저히 찾아낼 수 없는 수준의 반응이었습니다. 왕진지 님은 완벽주의자에 조용하고 절대 화를 내지 않는 사람이었습니다. 다행히 왕진지 님이 급한 용무가 생겨 자리를 비우자, 저는 다른 이들의 반응을 떠보려고 슬쩍 한 마디 던졌습니다. "와…. 참 개성이 넘치는 분과 함께 하시네요~ 많이 힘드시진 않나요?"

그랬더니 여기저기 한숨 소리가 터지면서 하소연이 이어졌습니다. 왕진지 님한테는 희한한 기술이 있었는데, 바로 타인을 혼내는 것 같지 않은데 완전히 혼을 내서 좌절감을 주는 기술이었습니다.

직원들의 표현을 빌리자면, "물증은 없이 심증만 있어요. 숨이 막힐 것 같이 답답하죠. 얼마나 무서운지···. 차라리 대놓고 욕을 하면 낫다 싶을 정도예요. 조곤조곤 웃으면서 지적하는데 속이 뒤집힐 것 같다니까요···. 겉으로 화를 낸 게 아니니 뭐라 할 수도 없고. 분명 성품이 좋고 착한 분이신데, 너무 힘들어요···." 하는 식이었죠.

여기서 중요한 사실은 왕진지 님 역시 일부러 그런 건 아니었고, 자신은 최선을 다해 배려하면서 직원들을 대한 게 이토록 그들을 힘들게 하고 있을 줄 몰랐다는 점이었습니다.

이후 왕진지 님이 상담실을 찾은 건 교육이 이뤄지고 무려 1년이 지나서였습니다.

"처음엔 기분이 상당히 상했었죠. 상담사님이 밉기도 했고요. 제가 자리를 비운 후 오갔던 말들을 들었거든요. 그런데 가만 생각해 보니 그 카드들은 진짜 저만 다르게 봤더라고요. 왜 남들은 그걸 못 보지? 이상했어요. 그러면 다른 사람들은 못 보는 것을 나만 보나? 나는 오히려 생각해준다고 했던 말들이 직원들을 힘들게 한 건 아닐까? 하긴 애들도 저를 어려워했어요. 특히 아들하고는 마찰이 심했었어요. 아들도 그렇고 직원들도 그렇고 이해할 수 없었는데 이제는 조금 알 것 같아요. 그때는 상담사님을 얼마나 원망했는지···. 사람들을 관찰하면서 나의 다른 부분들을 찾아냈어요. 그리고 내 목표, 생각을 많이 내려놓았더니 관계가 좋아지더라고요. 감사하다는 말 드리고 싶어서 오늘에서야 용기 내 찾아왔어요."

저야말로 참으로 감사했습니다. 몰랐던 자신의 부분들을 머리로는 이해했다고 하지만, 마음으로 받아들여 행동으로 옮기기가 얼마나 힘든지 아니까요. '아, 참 좋으신 분이다. 지혜롭고 용기가 있으신 분이다!' 속으로 감탄했습니다.

자신을 드러내고, 인정하고 한 발자국 더 나아가서 진솔하게 사과하고, 감사하는 오고 감은 진정한 소통의 기본이건만 여기에는 엄청난 용기와 시간이 필요한 것 같습니다.

> **❓ 돌발 퀴즈**
>
> 다음 중 헤드십(head-ship)의 특징이 아닌 것은?
>
> ① 지휘형태는 권위주의적이다.
> ② 권한행사는 임명된 헤드이다.
> ③ 부하와의 사회적 간격은 넓다.
> ④ 상관과 부하의 관계는 개인적인 영향이다.
>
> 답: 4번

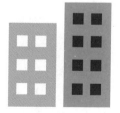

전문가가 모르는, 우리끼리 통하는 사실들

"여러분들은 새 하면 어떤 새가 떠오르나요?"

"참새요~"

"비둘기요."

"까치요."

어떤 사물이나 형식이 특정한 전형을 지니고 있다는 생각을 심리학 용어로 '전형성 효과'라 합니다. '전형성'은 하나의 범주에 속하는 사례들이 가장 평균적으로 가지고 있는 속성의 집합체를 말하며 '원형'이라고도 합니다. 그 범주에 속한 사례들은 원형과 유사한 정도가 각기 다릅니다.

예를 들어서, '새'라는 단어를 들으면 전형적인 새의 이미지, 날개가 달리고 몸이 가벼워서 하늘을 나는 모습이 떠오를 겁니다. 이게 새라는 범주의 원형입니다. 그런데, 새의 범주에 속하지만 원형과 다소 먼 사례도 있습니다. '펭귄'은 새라고 할 수 있을까요? 펭귄은 확실히 새가 맞지만, 원형과는 동떨어져 있기 때문에 전형성이 낮다고 할 수 있습니다. 반면, 참새, 비둘기, 까치는 전형성이 높다고 할 겁니다.

교육을 하던 중 우리가 가진 인지편향에 대해 이야기하려고 "새하면 가장 먼저 떠오르는 새를 적어보세요~"라고 요청했습니다. 당연히 제가 예상한 대답은 참새, 까치 등이었죠. 그런데, 맨 처음 대답한 사람의 새가 '독수리'였습니다. 속으로 '참 특이하시네~' 생각하며, "다음 분은 뭐라고 적으셨어요~?"라고 질문했습니다.

"독수리요."

"네? 음, 좀 개성이 강한 분이 많으신듯한데…. 다음은?"

드문드문 참새, 비둘기, 까치가 나왔지만 압도적으로 1등을 차지한 새는 '독수리'였습니다.

완벽하게 전형성 효과를 벗어난 결과에 그 이유가 궁금해졌습니다. 알고 보니 그 부서의 상징동물이 독수리였습니다. 그것을 듣고 나서야 이해가 됐습니다. 만약에 제가 이 사실을 몰랐더라면 아마도 그 부서는 다른 부서보다 '적극적이고, 의욕이 넘치며, 독립적인 성향이 강하다'라고 판단했을지도 모릅니다.

안전관리나 평가, 계획을 수립할 때 외부의 전문가에게 맡기거나 외국이나 타사의 사례나 이론을 가져와서 그대로 적용하는 경우가 많습니다. 의사소통 부분도 전문가를 초빙해 평가를 받고 일회성 교육을 실시하기도 합니다.

소통관련, 자기계발 서적을 보면 틀린 말은 없지만 내게 맞는, 우리 조직에 딱 들어맞는 경우도 없습니다. 전문가의 도움도 때로는 필요하지만 그 조직을 가장 잘 알고 있는 사람들은 조직에 속해 있는 한 명 한 명입니다.

전문가이기 때문에 오히려 많은 이론과 지식을 가지고 몇 가지의 정보만으로 속단하는 경우가 생길 수도 있습니다. 전문가가 모르는 우리 조직만의, 우리 회사만의 분위기와 정보가 있습니다. 소통에 있어서, 일반적인 이론을 배우고 전문가를 활용하되 더욱 중요한 점은 지금 우리가 속해있는 조직의 상황과 문화를 잘 아는 우리 자신들이 적극적으로 소통의 전문가가 돼야 한다고 생각합니다.

다음 중 집단의 기능에 관한 설명으로 틀린 것은?

① 집단의 규범은 변화하기 어려우므로 불변적이다.
② 집단 내에 머물도록 하는 내부의 힘을 응집력이라 한다.
③ 규범은 집단을 유지하고 집단의 목표를 달성하기 위해 만들어졌다.
④ 집단이 하나의 집단으로서의 역할을 다하기 위해서는 집단 목표가 있어야 한다.

답: 1번

누구나 소통의 전문가가 될 수 있다

현장의 관리자들도 안전에 있어서 소통의 중요성을 잘 알고 있기에 의사소통, 대화법, 코칭 관련 교육을 자주 요청받습니다. 소통과 관련해서는 한 번의 교육으로도 마음의 움직임이 어느 정도 있기는 하겠지만 지속적으로 교육이 이뤄지지 않는 한 기대 효과를 얻기 어렵습니다. 그래서 중간관리자를 대상으로 팀/조별로 안전코칭을 할 수 있는 프로그램을 만들고자 했습니다. 우선 중간관리자들의 의견을 들어봤습니다.

"좋기는 한데, 우리는 너무 바빠서 그런 일을 할 수 없어요.", "괜히 어설프게 했다가 욕만 먹으면 어떡해요. 전문가도 아닌데…. 너무 부담스러워요."라는 거부의 의견들이 99%였습니다. 그래서 쿨~하게 포기했습니다.

앞서 전문가이기 때문에 오히려 선입견이 있을 수 있고, 그 조직 문화를 가장 잘 아는 사람들은 조직원이라고 했습니다. 가끔씩은 전문가의 도움을 받을 수도 있지만, 늘 함께하는 동료들과의 원활한 소통을 위해서는 본인이 소통의 달인이 돼야 합니다.

사실, 전문가라고 소통에 있어 엄청난 기술이 있는 건 아닙니다. 소통은 자신에 대한 신뢰에서 시작됩니다. 나를 신뢰하면 자신에게 솔직해질 수 있고 자신을 객관화시켜 볼 수 있게 됩니다. 이 과정을 타인에게도 그대로 적용하면 됩니다. 동료를 신뢰하고 솔직하게 대하는 겁니다.

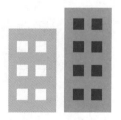

6장

조직의 특성

각기 다른 조직의 성격 파악하기

<A>나표준 과장 그림

<B>신입사원 그림

5장에서 다뤘던 나표준 과장과 신입사원의 그림을 다시 보겠습니다. 좋은 현상인지는 모르겠지만, 6년 전쯤에는 A와 B처럼 그린 직원의 비율이 2:8 정도 됐었는데, 점점 A의 비율이 늘어나 이제는 4:6 혹은 반반이 되는 조직도 생겨났습니다. 정확하게 지시받은 대로 수행한다는 측면에서, 직원들의 성격이 표준화돼감을 기뻐해야 할까요? '규칙과 원칙을 지키며, 작업을 하는 과정에서는 표준화된 행동을 한다'라는 비율이 높아지니 좋은 현상입니다만, 왠지 혹시라도 개성이 점점 사라지고 있는 건 아닌지 조금은 씁쓸하기도 합니다.

이제 여러분도 조금은 익숙해졌을 빅파이브 성격이론으로 조직의 성격을 찾아보겠습니다. 어떤 조직의 특징이 아래와 같다고 가정해 봅시다.

A조직의 결과

성실성	친화성	외향성	개방성	신경성
매우 높음	매우 높음	조금 낮음	낮음	낮음

성실성이 높으니 안전규칙을 잘 숙지하고 있으며 원칙대로 수행하고자 하는 마음의 자세가 준비돼 있을 겁니다. 또한 친화성이 높아 동료들을 배려하면서 조직의 방침에 잘 따를 겁니다. 정서적으로도 안정돼 있고 개방성이 낮아서 평소 묵묵히 자신의 맡은 바를 안전하게 수행할 겁니다. 간단히 요약하면, 겉으로 보기에는 순조롭게 항해를 하고 있는 조직입니다.

친화성과 외향성이 함께 높으면 동료의 마음을 다치지 않게 하되, 할 말은 하는 분위기의 조직일 겁니다. 그러나 외향성은 낮은데 친화성이 매우 높다면, 해야 할 말조차 하지 못하고 서로의 눈치만 보는 상황이 많을 겁니다. 여기에 성실성까지 매우 높고 개방성이 낮은 경우, 조직의 방침이나 시스템이 비합리적이더라도 그 문제점이 위기로 떠오르기까지는 그대로 따를 확률이 높습니다. 이런 조직에는 착하고 순한 사람들을 잘 관리할 수 있는 슬기로운 리더가 필요합니다. 성격이 다른 조직을 생각해 봅시다.

B조직의 결과

성실성	친화성	외향성	개방성	신경성
높음	보통	높음	높음	보통

사실 개방성이 높은 조직은 흔하지 않습니다. 예술가 집단이나 교수들 집단에서라면 모를까 일반적인 조직에서는 개방성이 가장 낮은 특징으로 나타납니다.

성실하긴 하지만, 친화성이 보통이고 외향성과 개방성이 높은 B조직은 위의 A조직처럼 위로부터의 명령체계에 순순히 따르지 않을 수 있습니다. 평소에도 자기주장이 활발하고 시끌벅적한 분위기에 사공이 많아서 목표를 하나로 모으는 데에도 마찰이 생기고 시간이 많이 걸릴지도 모릅니다. 하지만, 일단 합의한 부분에 대해서는 행동으로 바로 이어지며 뒷말이 적습니다. 반면에 A조직의 경우에는 처음엔 아무 말 안 하고 일하다가 진행돼가는 상황이 맘에 들지 않으면 스트레스가 점점 쌓이면서 불만이 가득해질 수도 있습니다.

몇 년 전에 전문가 초빙 특강으로 한 작가를 만난 적이 있었습니다. 광양 제철소에는 바로 앞에 주택단지가 조성돼 있는데 대부분이 낮은 층에 나무들이 많아서 아주 아름답습니다. 저도 처음에는 "작은 스위스 마을에 온 것 같다"라며 얼마나 좋아했는지 모른답니다. "이런 데서 살면 마음이 너그러워지면서 여유가 생기니 생각도 자유로워지겠다~" 하면서요. 그런데 주택단지 안에 있는 음식점에서 식사를 하는 도중, 작가는 망설이면서 말했습니다.

"저 지금 많이 답답한데요. 이상한 나라에 와 있는 듯해요."

"네? 서울하고 많이 다르죠?"

"서울이 아니라, 음…. 일단 여자가 너무 없고요. 우리 둘뿐인 것 같아요. 그리고 옷차림이…. 근무복인가요? 사방이 온통 파란색이니 파란 나라에 온 것 같거든요. 근무복이라 어쩔 수 없겠지만, 아주 작은 부분이라도 개성을 주면 좋았을 것 같은데…. 익숙하지 않아서 그러겠지만, 매일 이렇게 다니다 보면 개성이 없어질 것 같아요. 생각도 비슷해질 것 같고. 환경이 개인에게 미치는 영향도 무시 못 하잖아요. 그런데, 선생님은 사복이네요."

"처음에는 저에게도 작업복 입으라고 했었어요. 그런데 제가 완강하게 거부했어요. 같은 근무복 입은 사람에게 상담 받고 싶을까요 ~ 하면서(웃음)."

사복을 입고 근무하는 사람들이 거의 없어서 그런지 아직도 저를 직원이 아닌 외부상담사나 안전심리강사로 여기시는 직원들이 많습니다. 상담을 할 때도 아마 은연중에 사복의 도움을 받고 있는지도 모릅니다. 10~20년 같은 옷을 입고 같은 환경에서 일을 하다 보면 자신도 모르게 서로 닮아가고 있을 겁니다. 실제로도 직원들의 MBTI 성격검사 결과를 보면 굉장히 비슷한 성격유형으로 나온답니다. 저도 파란색의 남자 직원들이 가득한 이 공간이 어색하지 않은 걸 보면 조금씩 회사조직의 색깔에 물들고 있었는지도 모르겠습니다.

전체적인 조직의 성격도 분명히 있지만, 같은 회사라도 부서에 따라, 같은 부서라도 팀이나 조별로 특징이 달라집니다. 생산라인에 있어서의 가장 안전한 조직특성과 인사팀에서 안전하게 생각되는 조직특성은 다를 수도 있습니다.

안전행동을 끌어내기 위한 계획에는 전체 회사의 특징과 아울러 세부조직에 대한 특징을 고려해야 성공률이 높아집니다. 또한 조직은 대한민국이라는 더 큰 문화, 나아가 동양권이라는 문화의 틀 안에서 움직이는 유기체이므로 동양인과 대한민국의 특성을 포함하고 있는 우리조직 고유의 특성을 이해해야 합니다.

? 돌발 퀴즈

리더십을 잘못 정의한 것은?

① 집단 목표를 위해 스스로 노력하도록 사람에게 영향력을 행사하는 활동
② 어떤 특정한 목표달성을 지향하는 상황 하에서 행사하는 대인 간의 활동
③ 공통된 목표달성을 지향하도록 사람에게 미치는 영향
④ 주어진 상황 속에서 목표달성을 위해 개인 활동에만 영향을 미치는 과정

답: 4번

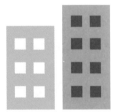

상황에 따른 문화적 차이를 고려하라

인지심리학자인 무츠미 이마이와 디드레 켄트너는 다양한 연령대의 일본인과 미국인에게 특정 재료로 만들어진 어떤 모양의 물체를 보여줬습니다. 예를 들어 아래의 사진처럼, 나무재질로 원기둥을 만들어 '닥스'라고 하고, A와 B 중 어떤 게 '닥스'인지 고르게 했습니다.

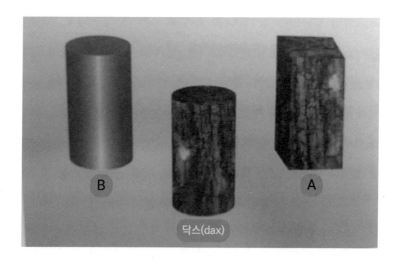

닥스(dax)

여러분의 선택은 뭔가요? 미국인들의 2/3가 형태가 같은 B를 선택했고, 일본인들의 2/3가 재료가 같은 A를 선택했다고 합니다. 관계주의적인 조직에 속해있는지, 독립적인 조직에 속해있는지 궁금해져서 교육 시간에 활용해봤습니다. 저의 가설은 역시 '우리는 동양인이니 겉으로 보이는 형태보다는 본질적인 측면을 중요시하는 A가 더 많이 나올 것이다.'였습니다.

외부교육(다양한 직종과 전업주부 등)에서는 예상대로 A의 선택이 70% 정도 나왔지만, 현장교육에서는 5:5로 나왔고 아주 가끔은 B의 선택이 높기도 했습니다. '만약 직원 분들도 근무시간이 아닌 환경에서 질문을 받았다면, A를 선택하는 사람이 좀 더 많아졌을까?'란 호기심도 생기더라고요.

A를 선택한 사람들은 형태보다는 본질을 더 중요하게 생각했을 거예요. 어느 지역 출신이냐? 어디 김씨냐? 같은 질문 많이 하잖아요. 끈적끈적하게 우리를 따라다니는 꼬리표처럼, 모양이 바뀌어도 원래의 본질이 남아있는 한 A는 '닥스'인 겁니다. 관계지향적이고 상호의존적인 시선이라고 할 수 있겠죠? 반면에, B를 택한 사람들은 개인적이고 독립적인 스타일로 사실적인 현재의 모습에 주의를 기울이는 성향이 강할 겁니다. 이와 관련해 한 문제 더 볼까요?

원숭이, 바나나, 팬더

위의 세 단어를 두 부류로 나눠보세요~ 원숭이와 바나나, 혹은 원숭이와 팬더로 나눴을 겁니다. 제 교육시간에는 대다수의 사람들이 원숭이와 바나나로 나눴어요. 서양에서는 원숭이와 팬더로 나누는 비율이 훨씬 높다고 합니다. 원숭이와 팬더는 생물학의 분류에 의해 포유류로 나눈 거고, 원숭이와 바나나는 '원숭이는 바나나를 먹는다'라는 관계적 맥락에 의해 나눈 걸 겁니다.

"전형적인 통계로 본다면 동양인이자 한국인인 우리는 '닥스'로 A

를 선택하고 원숭이와 바나나를 묶어야 합니다, 그런데 오늘 모인 우리는 신기하게도 '닥스'로는 B를 선택하고 원숭이와 바나나를 묶었습니다."

이 결과를 보면서 든 생각이 '우리 직원 분들의 스트레스가 생각보다 높을 수도 있겠다.'였습니다. 차라리 계속 관계지향적인 시선으로 바라보고 선택한다면 오히려 편할 수도 있는데, 인간관계를 가장 중요하게 생각하다가도 한편으로는 합리적이고 개인적인 서구의 시선으로도 선택을 해야 하니…! 순간순간, 상황마다 선택에 쓰는 에너지가 많을 것 같아서입니다. 정서지능이 얼마나 높아야 때에 맞춰 적절한 시선으로 옮겨 다니며 선택할 수 있을까요?

이런 추측도 가능합니다. 원숭이, 바나나, 팬더와 같이 언어로 제시된 문제는 머리에서의 추상적 이미지로 떠오르니까 한국정서를 따라가지만, 그림의 형태로 제시된 문제는 현장의 장면에 등장하는 도구나 설계의 이미지가 상세히 떠오르기 때문에 작업시 상황에서처럼 이성적인 사고가 더 우세한 게 아닐까?

전하고 싶은 이야기는 우리와 다른 문화의 이론이나 틀을 그대로 가져오거나, 혹은 한국인의 특징을 조직의 특징으로 일반화해 안전관리에 적용할 경우 이론과 실제의 차이가 아주 클 수도 있다는 겁니다.

왜 개인적 성향으로 초점이 맞춰질까?

미국 버지니아공대에서 지난 16일 범인을 포함해 33명이 숨지고 29명
이 다치는 최악의 총기 난사 사건이 일어났다. 애초 '중국계'로 알려졌
던 범인은 이민 1.5세대인 23세 한국계 조승희로 밝혀졌다. 범인이 한
국계 이민자라는 사실이 밝혀지면서 한국은 큰 충격에 휩싸였다.

위와 같은 총기난사 사건에 대해 조승희의 개인, 가정, 학교, 사
회적인 배경에 중점을 두어야 한다는 견해가 있습니다. 냉정한 경
쟁에 적응하지 못한 학생들의 스트레스와 이로 인한 사회적인 격
리·소외는 스트레스를 불러올 수밖에 없고, 이는 자폐증이나 대인
기피증을 유발하기도 할 겁니다. 그리고 이러한 자폐증, 대인기피적
인 과대망상증과 미국 사회의 냉대가 맞물리면서 문제가 발생했다
는 겁니다.

미국 버지니아 공대 총기난사 사건의 근본원인을 조승희 개인의
성향으로 봐야 할까요? 아니면 처했던 상황에 초점을 맞춰야 할까
요? 우리는 일반적으로 사람에 대한 행동의 원인을 개인적 성향으
로 돌리는 경향이 있는데 이는 '관찰자'와 '행위자'의 입장에 따라 달
라질 수 있습니다. 다른 사람, 즉 행위자를 관찰할 때는 사람이 주
의를 집중하게 하는 자극이 되고 상황은 배경이 됩니다. 반대로 자

신이 행위자일 때는 자신이 배경이 되고, 상황은 자극이 되기 때문에 상황을 행동의 원인으로 생각하기 쉽습니다. 안전사고에 대해서도 자신이 사고를 낸 경우에는 상황이 원인이 되기 쉽고 타인의 입장에서는 사고를 낸 당사자가 원인이라고 생각할 수 있을 겁니다. 행동 원인에 대한 관점이 동양과 서양의 차이에 있음을 보여주는 사례가 있습니다.

1991년, 미국 아이오와대학 물리학과 박사 과정에 있던 중국인 학생 루강은 우수 논문 경연대회에서 입상하지 못하자 즉각 이의를 제기했으나 거절당했다. 그 후 교수직을 얻는 데도 실패하자 같은 해 10월 31일, 그는 학과 건물에 들어가 자신의 지도 교수를 총으로 쏘고 근처에 있던 다른 학생들과 시민들에게도 총을 난사한 후, 결국 자살하고 말았다.

당시 미국 미시간대학 대학원생이었던 마이클 모리스는 미시간대학 신문이 루강의 개인적인 특성 즉, 사악했던 본성과 남이 자신에게 도전하는 것을 견디지 못하는 성향에만 초점을 맞춰 보도하고 있다고 생각했습니다. 반면에 중국 신문에서는 주로 루강의 생활환경에 초점을 맞춰 인간 관계적 측면 즉, 지도 교수와의 불화나 학교 내의 치열한 경쟁구도, 그리고 단절된 생활과 총기구입이 쉬운 미국 사회의 문제점 등을 원인으로 분석했다고 합니다.

행동의 원인을 설명할 때 서양인이 동양인보다 성격 특질을 훨씬 더 중요하게 생각하고 동양인들은 전체적인 관계성을 생각해 상황에 더 초점을 맞춘다는 연구결과들이 많습니다. 그렇다면 안전사고의 원인을 찾을 때도 개인의 성격특질보다는 전체적인 맥락에 초점을 맞춰야 할 텐데, 왜 유독 안전사고에 대해서만은 안전불감증이나 부주의 같은 개인의 특성에 원인을 돌리는 경우가 많을까요?

재해의 종류는 크게 자연 재해(천재)와 인위적인 재해(인재) 두 가지로 나눌 수 있습니다. 지진, 태풍, 홍수, 가뭄 등으로 인한 자연재해는 사람이 막을 수 없는 상황이라 그 책임이 우선적으로 사람에게 있지 않으며 기금을 내거나 재해를 당한 사람을 추모하는 등 함께 어려움을 공감하는 분위기가 형성됩니다. 반면에 산업재해로 인한 인재는 우리가 사고를 막을 수 있다고 믿음으로써 우선적인 책임을 사람에게 돌리기 쉽습니다. 안전관리 활동의 결함으로 인한 작업장의 불안전한 상태가 작업자의 불안전행동을 유발해 사고가 발생하고, 재해로 이어진다는 이론과 생각 때문입니다. 재해의 책임이 사람에게 있다는 건 특정인의 관리성향이나 행동패턴에 문제가 있음을 전제하며 앞에서도 언급했듯 책임지향형의 사고처리 과정을 거치게 되기 쉽습니다. 안전에 대한 책임이 과도한 부담으로 작용해 마음이 불안해지고 위축될 수도 있습니다.

안타까운 점은 사고의 원인이 밝혀지고 개선과 계획이 수립되기 전 이미 관리자나 담당 직책자가 해임되는 경우도 있다는 겁니다. 사실상, 관리자가 모든 직원들의 행동을 24시간 철저하게 보고 있을 수는 없습니다. 물론 조직에 대한 관리의 측면에 어딘가 개선돼야 할 점이 있을 수 있기에 책임을 져야 하는 것은 당연하지만, 관리자 또한 피해자일수도 있습니다.

보통 관리자들은 자신의 업무에 대해 과중한 책임감을 지니고 있기 때문에 사고에 대해서 당연히 처벌을 받아야 한다고 생각하는 동시에 자신이 열성적으로 일했던 조직에서 발생한 사고에 대해 정확히 원인을 파악하고 개선하고자 하는 의지도 있습니다. 애사심과 더불어 자신의 역할에 대한 스스로의 기대치에 부응하고자 합니다. 그런데, 원인을 규명할 기회조차 없이 직책을 내려놓게 되는 상황은 자존감의 하락은 물론이고 일에 대한 성취동기가 급격히 줄어들 수밖에 없을 겁니다. 새로운 관리자 역시 위축된 조직의 분위기를 시작부터 안고 가야 하며 안전에 대한 과도한 불안감에 휩싸일 수도 있습니다.

안전사고 후에 조직에서 진심 어린 관심을 주어야 하는 대상은 사고를 낸 당사자와 동료들뿐 아니라 관리자와 직책자로 확대돼야 합니다. 한 번의 사고로, 24시간 대기하며 열심히 일했던 직책자들을 자리에서 물러나게 하기보다는 사고의 정확한 이유와 대책을 세우게 하는 게 어떨까요? 자신을 믿어준 조직에 대한 보상과 본래 지니고 있던 막중한 책임감, 그리고 부서에 대한 전문성이 정확한 사고의 원인에 대한 이유를 찾는 데 분명 도움이 될 겁니다.

사람에 대한 징계나 처벌 위주의 사고처리 과정은 새로운 관리자에게도 무조건 안전위주의 목표를 세우게 할 겁니다. 자신의 자리를 지키기 위한 가장 안전한 방책을 만들 수밖에 없으니까요. 안전사고의 처리과정은 1장에서도 언급했듯이 책임지향형이 아닌 대책지향형이 돼야 합니다. **안전은 사람을 위한 거지, 안전을 위해 사람이 있는 게 아니라는 명백한 진리를 늘 가슴에 새기고 있어야 하겠습니다.**

7장

안전해서 행복한
삶을 향해

리스크와 나의 상관관계

흔히들 리스크(RISK)라고 하면 '위험(危險)'이라는 우리말을 떠올리는 사람이 많습니다. 위험이라는 말의 정확한 영어표현은 데인저(Danger)로서, "위험이 닥쳐오고 있다.", "여기에 있으면 위험하다."라고 말할 때의 위험인 겁니다. 그러나 리스크는 위험한 상황과는 다릅니다. 위험과 리스크 모두 불확실한 상황을 의미하지만 리스크는 '관리가 가능하다'는 속성이 있기 때문입니다.

예를 들어 리스크가 따르는 상품의 하나인 주식에 투자하면 손해를 볼 수도 있지만 잘만 관리한다면 높은 수익을 낼 수도 있습니다. '리스크를 감수하고 행동한다'는 의미는 위험할 수도 있지만 성공할 가능성이 있는 경우에 해당합니다. 리스크의 라틴어 어원은 '용기를 갖고 도전하다'라는 뜻이라고 합니다. 어떤 남자가 사귀고 있는 여자와 결혼을 하고 싶을 때, 용기를 내 프러포즈를 해야 하겠죠? 상대가 프러포즈를 받아줄 수도 있지만, 아직 확신이 서지 않아서 거절할지도 모르는 리스크가 따릅니다. 하지만 거절당하는 게 겁나서 프러포즈를 포기하고 시간을 질질 끌게 된다면, 결혼의 기회가 영영 사라져버릴 수도 있습니다. 따라서 거절당할지도 모르는 리스크를 감수하는 대신 상대가 응해오도록 적절한 전략을 세우는 게 중요합니다.

안전에 있어서의 리스크는 위험이 발생하는 상황, 위험이 발생할 가능성, 위험의 원인 등의 의미를 가지고 있습니다.

자급자족사회(원시시대), 분배사회(신석기~산업혁명 전, 가내수공업), 현대사회를 예로 들어봅시다. 자급자족사회와 분배사회에서는 어떤 상황에서 위험이 발생하는지 파악하기가 비교적 단순한 시스템이므로 찾아내기 쉽습니다. 그러나 현대사회에서는 복잡한 시스템으로 인해서 위험이 어디에서부터 발생한 상황인지 불분명하며 발생확률과 손실의 추정도 아주 어려워집니다.

아래의 도미노게임 사진으로 살펴보면 혼자 하는 도미노(자급자족사회)와 여럿이 하는 도미노(분배사회)에서는 어떤 조각에 문제가 생겼는지 금방 알 수 있습니다. 하지만 마지막 도미노(현대사회)에서는 어떤 조각에서 무너짐이 시작됐는지 알기가 힘듭니다.

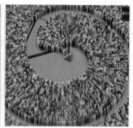

미국의 예일대학 사회학자인 찰스페로(Charles Perrow, 1984)는 이렇게 복잡한 현대의 시스템에서는 작은 에러, 유지보수 등의 문제 발생을 피할 수 없으며 이와 같이 일상적으로 발생하는 작은 에러 등에 시스템이 직접 영향을 받는 경우는 거의 없다고 했습니다. 그러나 몇 개의 상황 등이 겹치거나 축적되면 평상시엔 문제가 없었던 시스템이 돌연 붕괴되는 경우가 있다면서 이를 '정상사고'라고 했습니다. 찰스페로는 '우리 인간은 실수하게 돼 있고, 대형사고도 작은 원인에서 시작하며, 사고는 기술보다 인간에 의해 나타나기 때문에 완벽한 기술은 없다.'라고 주장했습니다. 또한 현대사회는 기술시스템에 강하게 결합돼 있기 때문에 사고란 비정상적이거나 일탈적인 무엇이 아닌 지극히 정상적인 것이며 우리가 살아가는 시스템을 구성하는 일부라고 설명했습니다.

　찰스페로의 '정상사고'는 인간의 행동에도 작용합니다. 인간의 행동은 하나의 변인으로 예측할 수 없는 현대사회처럼 복잡한 심리과정을 거쳐 나타나기 때문입니다. 우리는 많은 사고의 이유가 되는 '동조현상'에 대해 동조했다고 감히 비난할 수 없을 겁니다. 상사의 부적합한 판단에 대해 과연 누가 용감하게 반대할 수 있을까요? '사회적 바람직성'을 솔직하지 못하다고 혼내도 되는 걸까요?
　어느 누구나 특정상황에 따라, 아니 전혀 특정상황이 아니더라도 개인에게는 특정상황일 수도 있는 상황들에서 선택하고 행동한 것은 '정상사고'일 수도 있습니다. 휴먼에러를 100% 막을 수 있다는 신념처럼, 마음만 먹으면 모든 위험을 막을 수 있다는 자만을 버리고 우리를 둘러싼 환경과 인간의 본성에 대해 미화하지 않으며 있는 그대로를 겸허히 받아들여야 합니다.

　문제는 상황, 확률, 손실의 어느 측면도 명확히 보이지 않는 현대사회에서 우리는 기술시스템에 막연한 불안을 가지고 살아가지만, 눈에 보이지 않는 리스크에 대해 평소 안전의식을 갖는 건 더욱 어려워진다는 점입니다. 사고가 발생하고 리스크와 맞닥뜨리는 순간에는 일시적으로 안전을 중시하는 태도가 고조되지만, 인간이기에 얼마 가지 않아 잊어버립니다. 대형사고가 일어나면 우리는 그제서야 위험을 인식하고 그 이면엔 반드시 안전을 무시한 안전불감증이나 부주의한 사람들이 있을 거라고 생각해버립니다. 자신과는 별 상관을 두지 않고 다른 사람들이 처벌을 받음으로써 완료된 상황으로 처리하는 겁니다.

일정하게 유지하려는 관성, 리스크항상성 이론

　모두들 한 번 정도는 다이어트를 했던 경험이 있죠? 요요현상을 설명하는 이론 중 '항상성 이론'이라는 게 있습니다. 사람마다 정해진 체중이 있어서 일시적으로 에너지 섭취나 소모에 변동이 있더라도 어느 정도의 체중이 유지된다는 겁니다. 이렇게 환경이나 스트레스에 대응해 내부를 일정하게 유지하려 하는 조절 과정 또는 그 상태를 '항상성'이라고 합니다. 항상성(homeostasis)의 스펠링에서 'homeo'의 의미는 '동일한·똑같은(same)'이고, 'stasis'의 의미는 '유지하다(standing)'의 뜻으로 '동일하게 유지하다.'라는 용어의 조합입니다.

　인간이 더우면 땀을 흘려 적정한 체온을 유지하거나 혈액의 염분을 일정한 수치로 유지하려는 메커니즘 역시 항상성이라고 말할 수 있습니다. 항상성의 원리로 인해 우리 몸에는 세트 포인트가 있습니다. 몸의 세트 포인트는 대부분 습관에 의존합니다. 밤 열 시에 잠들고 새벽 다섯 시에 일어나는 사람은 어쩌다 새벽 두 시에 잠들어도 다섯 시만 되면 눈을 뜨게 됩니다.

　또한, 저는 낮보다는 밤에 야식을 먹는 버릇이 있어서 배가 부르지 않으면 잘 잠들지 못합니다. 배가 고프지 않아도 밤 9시가 넘으면 뭔가 먹어야만 만족합니다.

　우리 몸에 새겨진 리듬은 우리의 활동을 정해주지만, 반대로 다른 어떤 활동을 매번 똑같은 시간에 하면 몸은 그 리듬을 재구성해 세트

포인트를 바꿀 수 있습니다. 학창시절을 떠올려 보면 알 수 있습니다. 매일 일곱 시에 일어나 학교를 가다가 방학이 되면 해가 중천에 떴을 때 일어나기도 합니다. 그리고 개학 후 초반에는 일어나기가 정말 힘들지만 며칠이 지나면 다시 일곱 시 기상이 어렵지 않습니다.

그렇다면 '항상성'과 '안전'이라는 단어는 어떤 관련이 있을까요? 항상성의 이론을 안전에 도입한 학자가 있습니다. 1982년 캐나다의 학자 제럴드 와일드(Gerald Wilde)는 흥미로운 이론을 발표합니다. 사고를 발생시키고 재해를 유발할 가능성을 가진 '리스크'에도 항상성이 있다는 겁니다. 기술이 점점 발전해 기계나 시스템이 더욱 안전하게 만들어지면 위험률은 떨어져야 하는데, 그것 때문에 반대로 위험과 맞닥뜨릴 확률이 높아지는 문제가 발생한다는 겁니다. 간단히 말하면, 리스크가 적어진다고 인식함으로써 안전의식도 저하돼 리스크는 항상성을 유지하게 된다는 것이죠.

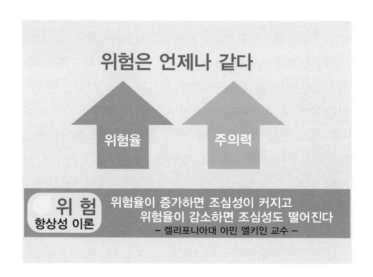

기술이 진보해 수많은 안전장치가 구비되면서 결과적으로 리스크가 감소했다고 믿겠지만, 사실은 이 안전하다는 믿음으로 더욱 과감히 위

험한 행동을 하게 돼 사고 발생률이 감소하지 않는다는 의미입니다.

리스크 발생률을 낮추기 위한 방법을 다이어트 성공기로 생각해 보겠습니다. 인체는 체지방량, 몸무게 등 몸의 컨디션을 일정하게 유지하려는 항상성을 가지고 있습니다. 이런 항상성에 의해 설정된 몸무게를 '세트포인트'라 합니다. 다이어트는 몸이 기억하는 몸무게인 세트포인트를 습관교정을 통해 바꾸는 겁니다. 세트포인트를 단계적으로 조금씩 내린다면 다이어트에 성공할 수 있습니다. 말은 쉽지만 여간 어려운 과정이 아니겠죠(웃음)?

이처럼 리스크 발생률에 대한 개인의 세트포인트도 바꿀 수 있다면 조직의 위험률도 낮아질 겁니다. 문제는 몸의 세트포인트가 대부분 습관에 의존함과는 달리 우리 마음의 세트포인트는 특별한 일이 있어야 변한다는 겁니다. 그 특별한 일은 마음을 움직이는 경험일 겁니다.

조직은 눈에 보이는 생산성을 통한 이윤의 추구를 따르기가 쉽지만 그것보다도 훨씬 중요한 건 바로 안전을 지향하는 겁니다. 조직은 직원들이 자발적으로 리스크의 목표수준을 낮추도록 마음을 움직일 수 있는 노력에 최선을 다해야 합니다. 이를 위해서는 다소의 효율 저하 또는 비용의 증가가 있더라도 감수하고, 그것과 아울러 안전의 가치를 높이고 안전에 대한 동기부여를 할 수 있는 환경을 만드는 게 필요합니다.

리스크 수용행동을 줄이려면?

　시야에서 멀어지면 마음이 멀어지는 것처럼, 보이지 않는 리스크에 지속적으로 주의하기보다는 보이는 효율을 중요하게 여기는 게 사람입니다. 우리는 반드시 리스크가 제로가 될 것 같은 행동을 선택하지만은 않습니다. 얻을 수 있는 이익, 효율성에 부합하는 최적의 리스크를 선택하며 심지어는 리스크를 받아들이기도 합니다.

　그렇다면 이런 리스크 수용행동은 왜 하는 걸까요? 충동적이고 우호적이지 않은 사람들이 위험한 행동을 많이 할까요? 반대로 성실하고 순종적인 사람은 규칙을 잘 지킬까요?

　계속 말해왔듯 개인의 성향차이로 원인을 찾기는 어렵습니다. 왜냐하면, 성실해서 리스크 수용행동을 더 잘 할 수도 있기 때문입니다. 성실성에는 조직이나 상사의 명령, 의견에 복종해 임무를 수행하는 것도 포함되기 때문에 성실성이 높은 사람이 비합리적이고 비윤리적인 상사의 명령을 그대로 따를 확률이 높을 수도 있습니다.

　일반적으로 어떤 개인에게든지 리스크를 수용하게 만드는 환경들이 있습니다. 건축학개론을 보셨나요?

승민: 공부는 잘 되냐?

납득: 재수하는 것도 서러워 죽겠는데, 내가 공부까지 열심히 해야 되냐?
너는? 애인 생겼냐?

승민: 애인은 무슨, 애인이야.

납득: 응? 납득이 안되네. 납득이. 이 새끼. 아, 대학생이 연애를 하라
고 대학생 하는 거지.

- 영화 〈건축학개론〉 대사 중 -

첫째, 납득이의 말처럼 납득이 되지 않으면 반항심이 생깁니다.
안전 규칙에 대해서도 이해와 납득이 되지 않으면 지킬 마음이 생기
지 않습니다.

"그렇게까지 하지 않아도 되지 않을까? 규칙에 모순이 있는 건 아
닐까?"

"다른 집단 혹은 상사에게는 적용되지 않는 규칙을 나에게만 적
용한다면 억울하다."

"한밤중에 차가 한 대도 다니지 않는 도로를 저 멀리 있는 육교나
횡단보도로 건너는 건 납득이 안 돼. 무단 횡단이 낫지."

"안전모를 안 쓸 순 없을까? 잠깐 들어갔다 나올 건데⋯. 오늘 소개팅 하려고 머리 좀 만졌는데, 망가지면 안 되지. 앗! 저 사람도 안 썼네! 나도 이번 한 번만 쓰지 말자."

"도대체 말이 돼? 사다리를 써야 하는데 사다리에서 사고가 났다고 치우라니! 갖다 놓고 쓰다가 감시 나오면 치우면 되지 뭐."

이렇듯 안전규칙에 대해 납득이 안 되니 리스크를 수용하게 됩니다.

둘째, 규칙 위반에서 오는 장점이 처벌보다 큰 경우입니다.

도로 주차위반의 벌금보다 유료주차장의 비용이 더 큰 경우에는 위반 사항임을 알면서도 도로에 주차를 할 수 있습니다. 또한, 아주 중요한 사업상 약속의 지각 위기에 처했을 때 신호를 무시해서라도 시간약속을 지키는 게 훨씬 이득인 경우에 리스크 수용행동을 하게 됩니다.

셋째, 규칙을 어겼는데도 별다른 처벌이 없이, 강제력이 없는 리스크는 자연스럽게 받아들이게 됩니다. 양심이나 도덕에만 의지하고 강제적인 효력이 없는 리스크는 지키지 않는 사람이 분명히 있기 때문에 본인만 지키면 왠지 손해를 본다는 생각과 모방 행동으로 점점 규칙을 어기는 경우가 많아질 겁니다.

리스크 수용행동을 줄이기 위해서는 안전규칙에 대한 정확한 이해와 납득이 전제돼야 하며, 리스크 수용의 결과에 있어 장점보다는 단점이 많아야 합니다. 규칙에 강제력이 없다 하더라도 조직 전원의 약속임을 인식하고 지키는 사항에 동의 서약을 받아야 할 겁니다.

동기도 학습된다

앞서 기술이나 환경이 좋아지더라도 '리스크 항상성'의 법칙에 의해 위험발생률은 줄어들지 않는다고 했습니다. 이에 대한 대책은 개인이 자발적으로 리스크의 목표를 낮게 설정해 조직의 리스크 발생률을 줄이는 것이었습니다.

그렇다면 리스크 목표를 변화하기 위한 자발적 동기는 어떻게 생겨날까요? 동기부여의 출발은 긍정적인 감정을 갖게 하는 겁니다. 아무리 외부에서 안전을 강조해도 안전을 지키는 게 '좋다'라는 경험을 하지 않으면 금방 시들해질 겁니다. 평소 안전행동을 잘 하고 있을 때 오는 '좋은 느낌'의 경험보다, 한 번 실수의 불안전행동으로 인한 '불쾌한 느낌'이 우세했다면, '안전'에 대한 이미지는 이미 부정적인 방향으로 가고 있는 겁니다.

좋아하는 감정은 학습의 산물입니다. 태어날 때부터 어떤 특정한 걸 선호하도록 태어난 사람은 없습니다. 선호의 경향은 대부분 성장과정에서 학습한 걸 수 있지만 우리는 이를 취향이라 부르며 자신의 본질과 연결시키기도 합니다. 처음에 별로였던 사람이라도 만나다 보면 좋아지는 사람이 있고, 한눈에 반했지만 만날수록 별로인 사람도 있을 겁니다.

지금까지 '안전에 대한' 이미지가 별로였다면, 좋은 경험을 많이 쌓아서 기분 좋은 이미지로 바꾸면 됩니다.

좋으면 따라한다

저의 어머니는 회를 먹지 못합니다. 아버지는 못 먹는 게 없는 대식가에 미식가였지만, 어머니는 가리는 음식이 무지 많습니다. 제 식성은 어머니를 닮아 음식에 낯가림이 심한 편입니다. 아마도 어린 시절 집에 함께 있었던 시간이 적었던 아버지보다는 어머니와 많은 시간을 보내면서 식성을 닮게 됐나 봅니다.

우리는 자신과 가깝거나 중요한 사람이 좋아하는 걸 같이 좋아하게 됩니다. 인간의 두뇌에는 '거울뉴런'이 있어서 사람들의 감정전이가 가능하기 때문입니다. 타인을 관찰하고 있을 때는 직접 행동하고 있지 않아도 그 사람의 활성화되는 뇌 부위와 똑같은 부위가 활성화돼 상대의 감정을 느낀다고 합니다. 특히 이 거울뉴런은 자신과 가까운 사이거나, 좋아하는 사람일수록 강하게 반응합니다.

이제야 말할 수 있는 경험인데요. 저는 학창시절 친구들의 성적표에 부모님 확인 서명을 많이 해줬습니다. 글씨체가 워낙에 어른스러워서 한 번 확인해준 친구들에게는 계속 해줘야 했습니다. 그 비결은 다음과 같습니다. 6학년 때의 담임교사는 처음으로 부임한 예쁜 하이디 같은 사람이었습니다. 얼마나 천사처럼 보이던 그 선생님과 같이 되고 싶었는지 제 글씨체가 선생님의 글씨체와 분간이 안 될 정도였습니다(웃음).

조직에서도 동료의 감정이 전이될 수 있는데, 특히 멘토나 리더가 일을 대하는 태도와 정서가 영향을 많이 끼칠 겁니다. 직속상사를 존경하고 있는데 그 사람이 안전행동을 확실히 하고 있다면 자신도 모르게 저절로 안전행동을 하게 될 겁니다. 혹여 존경하지 않더라도 직속상사의 행동은 내게 많은 영향을 끼치게 되겠죠?

통계에 의해서도 직원들의 안전행동에 가장 큰 영향을 끼치는 요인은 안전경영가치, 의사소통, 안전교육 등의 조직적 문화보다 직속상사라고 합니다. 이런 사례는 우리가 늘 경험합니다. 부모들이 자녀에게 잔소리하면 자녀들은 "엄마 아빠는 안하면서 우리에게만 뭐라 해. 치사하게…."라고 하죠(웃음)?

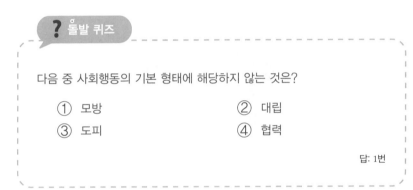

? 돌발 퀴즈

다음 중 사회행동의 기본 형태에 해당하지 않는 것은?

① 모방   ② 대립

③ 도피   ④ 협력

답: 1번

넛지효과, 자발성을 독려하다

많은 사람들이 이용하는 어느 공항 화장실에서 청소하시는 아주머니를 위해 소변기에 작은 파리 모형을 붙였다고 합니다. 그런데 신기하게도 이는 소변을 볼 때 무의식중 아래쪽 파리 모형의 스티커를 조준하도록 유도해 소변이 변기 밖으로 튀는 걸 무려 80%나 방지해줬다고 합니다. 덕분에 화장실 청소도 쉬워졌다고 하며, 이는 어떤 금지조항이나 인센티브 없이도 원하는 결과를 얻어낸 넛지효과(nudge effect)의 부드러운 힘이라 할 수 있습니다.

교육 시 이 그림을 설명과 함께 보여주면서, "어떻게 이처럼 위생적으로 볼일을 볼 수 있었을까요?"라고 질문하면 "내면의 원시욕구가 타올라, 저 파리 놈을 맞추고야 말겠다는 일념으로 집중합니다."

라는 답변도 들리고, 어떤 수강생은 "나는 그러고 싶어도 힘이 없네. 파리까지 소변 줄이 안 닿는다네."라며 웃음을 주기도 합니다.

이렇게 굳이 직설적으로 "~하지 말아라!", "~해라!"라는 명령조의 지시가 없음에도 불구하고, 자발적으로 행동하도록 동기를 유발하는 방법을 '넛지'라고 합니다.

'넛지(nudge)'란 '팔꿈치로 슬쩍 찌르다', '주의를 환기시키다'라는 뜻입니다. 미국의 행동경제학자 리처드 탈러와 법률학자 캐스 선스타인은 넛지를 '타인의 선택을 유도하는 부드러운 개입'이라고 정의했습니다. 수직적으로 내려오는 명령식의 지침은 자신의 선택으로 인한 행동이 아니기 때문에 오래가기 힘듭니다. 반면에, 누가 시킨 것도 아닌데 자신이 하고 싶어서 선택한 행동에는 책임이 따르며 장기간 지속될 수 있습니다.

자동차회사 '폭스바겐(volkswagen)'이 스웨덴 스톡홀름시 지하 계단 한 곳을 건반처럼 만들어 밟으면 재미있게 피아노 소리가 나도록 만들었는데, 이 캠페인이 펼쳐지고 나서 계단의 이용률은 평상시보다 66%가 늘었다고 합니다.

우리나라도 '서울 을지로역', '안산 중앙역' 등에 폭스바겐사의 캠

페인을 도입해 계단을 피아노 건반으로 바꾸어 올라갈 때마다 피아노 소리가 울리게 했습니다. 역시 수많은 사람들이 항상 이용하던 에스컬레이터 대신 피아노 계단을 선택하는 흥미로운 모습을 볼 수 있었다고 합니다. 계단 양쪽에 설치된 열선 감지장치가 걸어가는 발걸음을 읽어 피아노 소리를 내므로 에너지 소비 걱정도 없다고 하니, 계단의 흥미가 에스컬레이터의 일시적인 편안함을 앞지른 넛지 효과의 대표적 사례라고 할 수 있습니다.

안전에 있어서도 너무 직선적이고 노골적인 정책이나 문구들만 사용해오지 않았을까요? 굳이 '안전'이라는 말을 쓰지 않더라도 안전한 행동을 유발하는 방법들이 있을 겁니다. 안전문화를 위해 직진해왔다면 이제는 돌아서 가거나, 아예 새로운 길을 낼 수도 있습니다. 안전에 심리적 접근을 하는 것도 새로운 길을 개척하는 겁니다.
'안전심리 교육'에서 '안전'을 빼버리고 다른 명칭을 사용하는 것도 좋습니다. 사실 대부분의 심리교육이 직원들의 마음을 편안하게 유지하고자 이뤄지므로 결국은 안전행동과 연결되기 때문입니다. 부드럽게, 우회적으로 안전행동을 끌어내기 위한 아이디어가 필요합니다.

그렇다면 효과적인 아이디어를 위해서는 무엇이 필요할까요? 모두가 같은 시선, 같은 생각을 가지고 있으면 참신한 아이디어가 나오기 힘듭니다. 다양한 개성들이 스스럼없이 의견을 말할 수 있는 분위기가 조성돼야 하고, 마음의 여유가 있어야 창의로운 발상을 할 수 있습니다.

익숙하지 않도록 새로움을 주기

착시현상 그림 생각나세요? 이미 알고 있는 익숙한 그림이기에 뇌가 소극적으로 반응함으로써 사실을 제대로 보지 못한다고 했습니다. 우리의 뇌는 익숙한 데에는 자동화가 돼 덜 주의하게 됩니다. 안전교육도 늘 같은 내용, 같은 형식으로 진행된다면 효과는 점점 떨어질 겁니다. 불같았던 사랑의 시기가 지나고 권태기를 맞은 부부와 같다고 할까요? 처음엔 안전의식으로 무장했던 사람들도 태평한 시절을 계속 보내며 같은 교육을 계속 받다보면 경계를 풀게 됩니다.

대비책으로, 강사의 입장에서는 내용을 계속 수정하거나 방법론을 바꾸거나 아예 강좌를 신설할 수도 있습니다. 수강자의 입장에서는 지난번과 다른 내용 찾기, 질문 2번 이상 하기 등 작은 목표를 세울 수도 있습니다. 안전심리 교육에 대한 피드백에 가장 많이 나오는 게 바로 새로움입니다.

"안전에 대해 이렇게 접근하는 것에 놀랐어요."

"참신하네요."

"'안전' 하면 늘 불안했는데, 이 강의에서 들으면 기분이 좋아집니다."

"더 강좌를 늘려야 해요."

"많은 사람이 같이 들었으면 좋겠습니다."

"제일 인기 있는 강좌라, 빨리 정원이 차서 힘들게 들어왔어요…."

그동안 이뤄졌던 안전교육과는 다른, 처음 접하는 안전교육이니 당연히 눈동자를 반짝반짝 빛내며 집중을 잘할 수밖에 없을 겁니다. "2~30년 동안 받아왔던 수많은 교육 중 최고"라고 극찬하는 사람들도 꽤 있습니다. 제가 어디 가서 이런 찬사를 받을 수 있을까요? 이는 '첫 경험'이기 때문일 겁니다. 안전에 대한 심리적 접근의 첫 경험을 저와 함께 하신 거죠. 첫 경험은 엄청난 영향력을 지니고 있습니다. 첫사랑을 잊을 수 없는 것처럼.

그래서 늘 하는 교육이지만, '수강하시는 분들은 처음으로 접하는 안전심리 교육일 수 있다!'라는 마음을 꼭 붙들고 강의실에 들어간답니다(웃음).

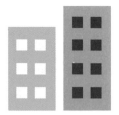

사고로 모든 과정을 평가하면 안 된다

아주 가끔은 우리의 이해 수준을 벗어나는 사고가 일어나기도 합니다. 원래 그 조직은 평균 이상으로 직무효율성이 높고 팀워크도 좋았는데, 갑자기 어처구니없는 사고가 발생한 겁니다. 이에 윗선에선 정신을 차려야 한다며 그 조직 전체를 들들 볶고 위기감을 조성합니다.

도대체 그런 사고를 일으킨 원인이 뭔지 아무도 알 수 없는 상황이라 오히려 불안감이 높아지면서 좋았던 조직의 분위기가 확 바뀌게 됐습니다. 당연히 정서적 불안감 척도 결과도 상승했고요.

"이렇게 될 줄 알았어! 너무 풀어 준거야."

"한심하다 한심해."

그 조직이 오랫동안 잘 해온 과정들은 한 번에 무너져 내렸습니다. 이 때 중요한 것은, 조직구성원들이 죄책감이나 수치심을 느끼지 않게 해야 합니다. 처벌로 인한 수치심은 일시적인 변화를 일으키지만 장기적인 행동변화를 만들진 못하기 때문입니다. 안전행동의 동기부여에는 부정적인 영향을 끼칠 뿐입니다.

때로는 좋은 의도를 가지고 혁신적으로 안전을 시도했는데 예상치 못하게 좋지 않은 결과가 나올 때도 있습니다.

처음에는 "아이디어 좀 내봐라."

"적극적으로 시도해봐라. 이렇게 패기가 없어서야~"

"역시 자네 밖에 없네." 했는데, 결과가 좋지 않으니 혼나기만 하고 안 좋은 대가를 받게 된다면 어느 누가 안전에 있어서 소신 있는 주장을 펼칠 수 있을까요? 새로운 사항을 지지받으며 시도했는데 결과만으로 오히려 안 하느니만 못한 피드백을 받게 되면, 누가 나서려고 할까요? 가만히 있으면 중간이라도 가니 괜히 나서서 혼나기보다는 그냥 수동적으로 시키는 일만 하자는 생각이 저절로 들 겁니다. 결과에 치중한 판단보다는 과정이 포함된 전체적 맥락 안에서의 적절한 처벌과 보상이 따라줘야 할 겁니다.

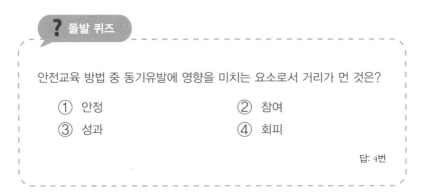

? 돌발 퀴즈

안전교육 방법 중 동기유발에 영향을 미치는 요소로서 거리가 먼 것은?

① 안정   ② 참여

③ 성과   ④ 회피

답: 4번

보는 대로 이뤄진다, 피그말리온 효과

'피그말리온 효과'는 그리스 신화에 나오는 조각가 피그말리온의 이름에서 유래한 심리학 용어입니다. 피그말리온은 여성에게 많은 실망을 하고 평생 독신으로 살기를 결심한 인물입니다. 그는 현실의 여성을 멀리하는 대신 상아로 아름다운 여인상을 조각했습니다. 여인상은 살아 있는 여인으로 착각할 정도로 완벽했으며 세상의 그 어떤 여인보다 뛰어난 미모를 갖추고 있었습니다. 피그말리온은 자신이 만든 조각상과 사랑에 빠져버렸습니다. 그는 틈만 나면 이 여인상을 바라보며 끌어안고 키스하고 정성을 다해 아껴줬습니다. 여신(女神) 아프로디테(로마 신화의 비너스)는 그 여인상을 진심으로 사랑하게 된 피그말리온에게 감동해 여인상에게 생명을 줬습니다. 이는 타인이 나를 존중하고, 나에게 기대하면 그 기대에 부응하기 위해 노력한다는 의미가 담긴 이야기입니다.

신기하게도 한 번 사고가 난 조직에서는 되풀이해서 사고가 나는 경향이 있습니다. 사고의 정확한 원인을 찾아내지 못한 이유도 있겠지만, 사고 후 그 조직을 바라보는 부정적인 시선이 아무래도 조직원들을 마음을 위축시키거나 불안감을 높여 오히려 사고를 일으키게 하는 건 아닌지 깊이 생각해봐야 합니다. 더 신기한 건 그 조직에 좋은 인력들을 배치해도 그 사람들 또한 점점 다른 조직원들의 동기나 정서와 비슷해진다는 점입니다.

20년 동안 억울한 삶을 살아온 사람이 있습니다. 그녀는 분명 공부를 잘하는 우수한 학생인데 시험기간만 되면 위가 꼬이기도 하고 불안이 심각하게 높아져서 시험을 망치곤 했습니다. 약대를 희망했으나 역시 시험을 망쳐 자신과 전혀 어울리지 않는 의상학과를 나오게 됐습니다. 그래도 워낙에 성실한 타입이라 적성에 맞지 않는 의상학과를 우수한 성적으로 졸업했는데, 자신보다 학점이 낮은 친구들은 알아주는 회사의 디자이너로 취업했으나 자신은 계속 원하는 회사에 취업이 되지 않았습니다. 아주 작은 회사에 간신히 취업했지만, 이대로 인생을 살기에는 뭔가 억울한 생각이 들었답니다. 그녀는 절 찾아와서 지능검사를 해달라고 했습니다.
그녀의 아이큐는 148! 사실 측정불가여서 그렇지 더 높았을 겁니다. 그녀는 믿을 수 없다며 이 검사가 믿을만한지 계속 확인했습니다. 그러다 갑자기 목 놓아 울기 시작하더군요. 아주 오랫동안 울었습니다. 그녀의 스토리는 다음과 같습니다.

　그녀는 20년 넘게 머리가 나빠서 남보다 더 많이 노력해야 하는 줄 알고 살아왔다고 합니다. 그녀의 집안은 오랜 기독교 집안인데 겸손을 중요한 미덕으로 여겼습니다. 2세부터 영특함이 남달랐던 그녀를 보고 부모님은 혹시라도 자만한 아이로 자라날까 걱정이 돼 늘 '너는 머리가 나쁘니까 남들보다 많이 노력해야 한다'라고 당부했답니다.

　그래서 그녀는 공부를 열심히 했어도 시험기간만 되면 '머리가 나빠서 다 잊어버리면 어떡하지?'라는 불안감에 시달렸다고 합니다. 가끔씩은 '내가 다른 애들보다 똑똑한 것 같은데?'라는 생각도 했지만 워낙에 어릴 때부터 새겨진 각인, 나쁜 머리의 소유자에서 벗어날 수 없었다고 합니다.

　그러다, 디자이너로 평생을 살기에는 너무 힘들 것 같고 다시 시작하고 싶은데 '나의 나쁜 머리로 새로 시작할 수 있을까?'라는 생각이 들어 용기가 나지 않았습니다. 그러나 주변에서는 자기더러 "머리가 엄청 좋은 것 같다", "자신에 대해 뭔가 잘못 알고 있는 것 같다"라며 검사를 한 번 해보라고 했습니다. 그래서 큰 용기를 내 검사를 해본 뒤 회사를 그만두고 다시 공부에 도전해보려고 했답니다 (그녀는 학력고사 세대였는데, 다시 대학입시를 보려면 수능을 봐야 해서 완전히 새로운 도전이었기에 더욱 망설였습니다).

　결과는? 그녀는 6개월 공부해서 의대에 장학생으로 들어가 지금은 어엿한 의사가 됐습니다(웃음).

　우리는 다른 사람들이 보는 대로 바뀔 수 있습니다. 문제가 있는 조직이라고 보고 있다면 그 조직은 문제가 있는 채로 남아있습니다. 겉으로 말로는 위하는 척 하더라도, 속으로는 미심쩍어하고 부정적으로 바라보면 그 부정적 감정이 전달됩니다. 진심으로 믿어주고 좋은 마음으로 바라볼 때 조직원들의 마음이 열리고 일에 대한 성취동기가 올라갈 겁니다.

? 돌발 퀴즈

다음 중 재해를 한 번 경험한 사람은 신경과민 등 심리적인 압박을 받게 돼 대처능력이 떨어져 재해가 빈번하게 발생한다는 설은?

① 기회설　　　　　　② 암시설
③ 경향설　　　　　　④ 미숙설

답: 2번

만성 스트레스는 위험해!

스트레스 관리와 관련한 동기에 대한 살펴보겠습니다.

도망갈 수 없는 어린 코끼리　　　　　도망가려 하지 않는 어른 코끼리

　왜 어른코끼리는 충분히 도망갈 수 있는 상황인데도 도망갈 시도조차 하지 않고 묶여 있을까요? 어른 코끼리가 어린 코끼리였을 때, 도망가려고 여러 번 시도했지만, 자신의 힘으로는 나무말뚝을 이길 수 없었습니다. 이런 경험이 지속되자 어린 코끼리는 더 이상 탈출을 시도하지 않게 됐습니다. 해봤자 소용없으니 괜한 힘만 빼지 말고 차라리 가만히 있는 게 낫다고 학습했기 때문입니다. 시간이 지

나 힘이 센 어른 코끼리가 됐지만 학습된 무기력으로 탈출할 시도조차 하지 않는 몸집만 큰 어른코끼리가 된 겁니다.

'학습된 무력감'은 1960년대 마틴 셀리그먼(Martin Seligman)이 실험을 통해 명명한 현상입니다. 스스로 통제할 수 없는 외상적 경험을 하게 되면, 후에 같은 경험에 대처하려는 동기가 감소해 자극을 회피하는 방법이 있다 하더라도 그걸 학습하는 데에 겪는 어려움을 말합니다.

우리는 스트레스 없이 살 수 없습니다. 아무런 스트레스를 받지 않는다는 말은 자신이 죽었다는 뜻일 겁니다. 스트레스를 잘 관리한다는 건 스트레스가 없다는 게 아니라 외부의 자극에 적절히 반응한다는 의미입니다. '이 정도면 해결할 수 있겠다'라는 판단에는 의욕이 생겨서 적극적으로 맞서고 '이건 불가능한 일이다'라는 판단에는 포기하거나 물러날 줄 아는 겁니다. 또 좋아하는 일이나 대상을 보면 마음이 설레고 슬픈 일에는 눈물을 흘릴 줄도 아는, 감정에 솔직한 상태입니다.

좋기도 나쁘기도 하는 일상의 크고 작은 스트레스 자극은 일시적으로 생겼다가 사라집니다. 그런데 일시적인 스트레스가 아주 빈번하게 반복적으로 쌓여 스트레스 내성이 약해지게 되면 만성스트레스로 진행될 수 있습니다. 만성스트레스 수준의 조직원들이 많으면 어떻게 될까요? 겉으로 보기에는 별 말썽 없이 주어진 역할을 묵묵히 하고 있기 때문에 오히려 괜찮아 보일수도 있습니다. 문제는 동기화가 너무나 어렵다는 겁니다.

적정 수준의 스트레스 지수를 갖고 있는 조직은 안전계획이 성공할 확률이 높습니다. 우리가 예측할 수 있는 상식에 따라 "이 정도 선에서 안전행동에 대한 보상을 주고 불안전행동에 대한 처벌은 이 수준으로 해야겠다" 하면 되는 겁니다. 직원들은 외부자극에 적절히 반응하므로 보상에 대한 부분은 접근동기로, 처벌에 대한 부분은 회피동기로 자극을 받아 행동할 겁니다.

하지만 만성스트레스인 상태에서는 웬만한 자극에 반응하지 않습니다. 보상을 준다고 해도 "그까짓 것 안 받고 말지~"하면서 외면하고 처벌에는 "설마 회사에서 자르기야 하겠어. 귀찮은데 대충 살면 되지~"하며 무덤덤하게 대응합니다. 조직의 계획은 상식적이었지만, 상식이 통하지 않는 반응 때문에 아주 강한 자극이 필요한 겁니다. 무딘 마음을 깜짝 놀라게 해서 움직이지 않고는 견딜 수 없게끔, 초강력 보상과 처벌이 나오게 됩니다.

이런 보상체계는 조직이나 개인 모두에게 상처를 줄 수 있습니다. 안전행동에 대한 적절한 관리에 있어서 안전행동의 동기와 직결되는 직무스트레스 관리가 필수적일 겁니다.

? 돌발 퀴즈

다음 중 태도교육을 통한 안전태도 형성 요령과 가장 거리가 먼 것은?

① 이해한다　　　　② 칭찬한다
③ 모범을 보인다　　④ 금전적 보상을 한다

답: 4번

심리적 거리를 통해 본, 안전의식 속 사람

100명 이상의 내담자가 참석한 교육에서 많이 사용하는 성격성향 알아보기 방법이 있습니다. '성격' 하면 제일 먼저 떠오르는 게 '외향적인 성격이냐? 내향적인 성격이냐?'일 겁니다. "본인이 내향형이라고 생각하시는 분은 손을 들어 주세요~"라고 질문하면, 대개 참석 인원의 5% 미만이 손을 듭니다. 그것도 제각각 다른 반응시간으로 듭니다.

"이번에는 본인이 외향형이라고 생각하시는 분, 손을 들어 주세요~"하면, 20%가 손을 듭니다. "아니 7~80% 이상 손을 들지 않으셨네요~"평소에는 외향형, 내향형 나누기를 좋아하시면서 정작 본인들 성격에 손을 들라 하면 난처해합니다. 때로는 외향적인데 또 언제는 내향적이라 선택하기가 쉽지 않다는 겁니다. 확률이 절반이라서요. 맞는 말입니다. 사실 내향적인 사람들은 내향적이라 생각해도 도통 손을 들지 않기 때문에 실제로 5% 보다 훨씬 많을 겁니다. 외향형에 손을 든 사람들은 반반이라며 손을 들지 않은 이들보다 훨씬 외향적 성향이 높을 수 있습니다.

"내향형, 외향형 한 분씩 모시겠습니다. 우선 기꺼이 나와 주셔서 감사합니다. 5m 정도 사이를 두고 마주 보고 서주세요. 한 분은 그대로 서 계시고 다른 한 분은 1초에 한 발자국씩 움직입니다. 서 계신 분은 '상대방이 더 이상 오면 부담스러워 안 되겠다'라는 생각이 들 때 '스톱(stop)'을 외쳐주세요."

보통 외향적인 사람들은 아주 가까이 올 때까지 '스톱'을 외치지 않지만, 내향적인 사람들은 외향형에 비해 빨리 외칩니다. 이런 태도는 내향형과 외향형이 가지고 있는 '사회적 거리'가 달라서일 겁니다. 에드워드 홀(Edward T. Hall)은 사람들 간에는 보이지 않는 거리가 있다고 주장했습니다. 가족이나 친구 등은 가까이에 위치하지만 학교 선생님이나 아는 사람 등은 중간쯤에 있을 겁니다. 홀은 이 거리를 네 단계로 나눴습니다.

1단계는 친밀한 거리로 0-46cm

2단계는 개인적인 거리로 46-122cm

3단계는 사회적 거리로 122-366cm

4단계는 공공적 거리로 366cm이상

이런 보이지 않는 거리에서 내향형과 외향성의 차이가 날 수 있다는 겁니다. 안전의 시작은 잘 보는 거라고 했습니다. 사람도 물리적이나 심리적으로 가까이 있어야 잘 볼 수 있는데, 내향적인 사람이 타인에 대한 거리를 좁힐 수 있는 방법은 뭘까요? 아주 간단합니다. 상대방을 좋아하면 됩니다(웃음).

2020년 코로나19로 인해 아이들의 개학도 연기되면서 영화관에 가는 대신 집에서 영화를 보게 됐습니다. 즐거운 영화도 봤지만, 그 중에 '컨테이젼(Contagion)'이란 영화도 다시 봤습니다. '컨테이젼'이란 접촉 전염이란 뜻입니다. 홍콩 출장에서 돌아온 베스(기네스 펠트로)가 발작을 일으키며 사망하고 그녀의 남편, 토마스(맷 데이먼)는 아내가 죽은 원인을 알기 전에 아들의 죽음마저 맞이합니다. 얼마 지나지 않아 세계 각국의 사람들이 같은 증상으로 사망하게 됩니다. 자신이 누구에게 감염될지 모르는 상황에서 사람들은 서로를 경계하면서 아무 것도 만질 수 없고, 누구도 만나지 않는 전략을 택합니다. 토마스는 가족 중 유일하게 남은 딸을 위험에서 지키기 위해 철저히 감시합니다. 딸은 아빠 몰래 남자친구와 만나 눈 쌓인 마당에 나란히 누워 차마 접촉하진 못하고 팔다리를 움직이며 천사모양의 흔적을 남깁니다. 그러다 갑자기 남자친구가 딸에게 키스를 하려는 순간 토마스가 나타나 딸로부터 남자친구를 떼어냅니다.

코로나19의 전파를 막기 위해 저 역시 '사회적 거리두기'를 실천하면서 '안전의식은 사랑이구나'라는 생각이 들었습니다. 토마스의 딸과 남자친구가 친밀하고 싶은 욕구는 지극히 자연스러운 감정이지만 자신들의 욕구에만 충실하게 행동하면 안전하지 않은 게 현실입니다. 진정한 사랑에는 책임감이 따라오며 이를 위해 자신을 통제하고 인내할 줄 아는 힘이 생길 겁니다. 친밀한 심리적 거리를 지키기 위해 '사회적 거리두기'를 할 줄 아는 성숙한 안전의식은 사랑입니다.

레빈의 장이론과 자아의 범위

'장'이란 한 사람의 전체적인 생활공간을 뜻합니다. 심리학자 레빈은 물리학의 '힘의 장(field of force)'이라는 개념을 적용해 개인의 어떤 순간의 행동이란 개인의 심리적인 장 안에서 작용하고 있는 힘에 의해서 결정된다고 봤습니다. 자신의 태도·기대·감정·욕구와 같은 내면의 힘이 외부의 힘과 상호작용하는 겁니다. 따라서 개인의 물리적인 공간의 거리는 주관적인 심리상태를 반영하고 있다는 것이죠. 레빈은 자아에도 이와 같은 영역이 존재하며 자아가 확장되거나 축소될 수 있다고 했습니다. 사람마다 아끼고 가치가 있다고 생각되는 사람, 물건 등에 나의 자아를 투사시켜 자기와 동일시합니다.

저는 초등학교 때부터 편지를 많이 주고받았습니다. 평균적으로 하루에 1통은 썼으니, 편지야말로 제 일기라고 할 수 있었습니다. 그런데 고등학교 2학년 여름, 제 마음이 산산이 찢기는 사건이 발생했습니다. 집안일을 도와주시는 할머니가 제 편지를 몽땅 태워버렸습니다. 저를 유독 예뻐하시던 할머니가 도대체 왜 그런 행동을 했는지는 아직도 모릅니다. 그 당시 저의 분노가 하늘을 찌를듯해 생전 처음으로 할머니에게 화를 내며 나가시라고 했습니다. 보기 싫으니 나가시라고. 아니면 내가 나가겠다고. 부모님은 별것도 아닌 '종이때가리(때가리란 '꽈리'에 대한 전라도 방언)'를 가지고 유난을 떤다면서 빨리 할머니께 사과드리라고 오히려 저를 혼내셨습니다. 저는 결국 집을 뛰쳐나와 밤새 울면서 동네거리를 배회하고 다녔습니다. 그 이후로는 편지를 많이 쓰지 않게 됐죠.

편지는 다른 사람에게는 기껏 '종이때가리'일지 모르지만 나에게는 자아의 일부였기에, 타버린 편지사건은 편지와 함께 살아온 저의 10년의 삶이 사라져 버리는 아픔이 됐습니다. 저의 자아가 편지까지 확장된 겁니다.

자아가 확장된 사례는 많이 볼 수 있습니다. 공격당하거나 아파하는 아이의 경우 부모 마음도 함께 찢어져나갑니다. 어머니의 자아에는 자식도 포함돼 있기 때문입니다. 자녀들이 성장해 부모의 곁을 떠난 시기에 중년 주부들이 느끼는 허전한 심리를 일컫는 '빈 둥지 증후군'도 자신의 자아가 자녀에게까지 확대돼 나타난 증상일 수도 있습니다. 자녀의 성적이 우수하면 아버지의 어깨가 으쓱해지는 현상도 비슷합니다. 새로 산 명품 옷을 입고 외출한 여성의 자아는 옷의 바깥쪽까지 확대돼 자신이 상류층이 된 느낌에 행복할 수 있습니다. 테레사 수녀 같이 자아가 인류에게까지 확대된 경우도 있습니다.

반면에 자아가 위축돼 오로지 자신에게만 모든 주의가 집중돼 있거나 심지어는 자아마저 없어져 버린 자살 직전의 사람은 자신의 몸에 불이 붙어도 의식하지 못할 수 있습니다. 이렇게 자아는 신축성이 강해서 커지거나 작아집니다.

자아와 안전의 관계를 생각해보겠습니다. 협착 사고의 경우 당사자가 올바른 작업표준을 알고 있는데도 왜 그런 행동을 했는지 이해가 안 되는 경우가 있습니다.

"어디까지가 나일까?" 옷의 일부가 기계에 말려든 작업자의 경우 만약 옷 바깥쪽까지를 자신이라고 생각하고 있었다면 작동하는 기계에 쉽사리 소매가 말려들지 않도록 했을 겁니다. 공구도 자신의 일부라고 생각한 작업자 역시 마찬가지로 도구를 통한 접촉에 훨씬 신중할 겁니다.

어렵게만 살아오다 좋은 회사에 입사해서 행복한 가정을 꾸린 이 대리는 이렇게 말합니다. "지금은 경제적으로 여유가 있지만 늘 어렵게만 살아와서 그런지 소모되는 물품에 대해 늘 조심스러워요. 특히 이렇게 잘 살 수 있게 해준 회사에 고마운 마음이 늘 있어서 회사 물건 하나하나를 내 소유처럼 소중하게 다루게 됩니다. 가끔씩 회사를 끔찍히 위한다는 사람들이 물건을 마구 다루는 모습을 보면 화가 납니다. 제가 예민한 걸까요? 저는 컴퓨터 자판도 살살 친다니까요."

앞에서 내향형의 사람이 타인과의 물리적 거리를 좁히는 방법은 상대방을 좋아하는 거라고 했습니다. 작업도구에 대한 애정이 있다면 공구, 작업복도 자신의 일부분이 됩니다. 작업복까지 포함해 내 몸이라는 생각을 가진다면 조금만 위험해도 함부로 가까이 가지 않을 겁니다. 더 나아가서는 회사가 내 '자아의 범위'에 들어온다면 바랄 게 없겠습니다.

? 돌발 퀴즈

인간 행동의 함수관계를 나타내는 레빈의 공식 B=f(P*E)에 대해 가장 올바른 설명은?

① 인간의 행동은 환경과의 함수관계이다.
② B는 행동, f는 행동의 결과로서 환경 E의 산물이다.
③ B는 목적, P는 개성, E는 자극을 뜻하며 행동은 어떤 자극에 의해 개성에 따라 나타나는 함수 관계이다.
④ B는 행동, P는 자질, E는 환경을 뜻하며 행동은 자질과 환경의 함수 관계이다.

답: 4번

표준화를 위한 나만의 규칙 세우기

한 중년부인이 해가 질 무렵 집에 돌아왔습니다. 방학이라 고등학생인 아들이 집에 있을 때 외출했기에 열쇠를 가지고 나오지 않았습니다. 그러나 아들은 친구를 만나러 나갔는지 집에 없었고 저녁을 급히 준비해야 하는 부인은 마음이 급해졌습니다. 부인은 3층짜리 맨션의 3층에 살고 있었는데 주방의 뒷문이 넓은 베란다와 연결돼 있는 구조였습니다. 휴대폰이 없는 시절이었기에 집에 들어갈 궁리를 하던 부인에게 좋은 생각이 떠올랐습니다.

집에 아무도 없을 때면 아들이 가끔씩 옥상으로 올라가 베란다로 뛰어내려 집에 들어오곤 했든 일을 기억해낸 겁니다. 그래서 본인도 옥상으로 올라가 베란다로 뛰어내리고 말았습니다. 어두워져가던 시간대였기도 하고, 어떤 강도로 뛰어내려야 할지 몰랐던 부인은 그만 무릎은 부러지고 발가락은 으스러지는 엄청난 사고를 당했습니다. 한순간의 잘못된 선택으로 한 쪽 다리를 못 쓰게 됐답니다.

부인은 자신의 신체적인 한계를 모르고, 아들의 신체능력을 표준으로 삼아 선택하고 행동했기에 예상치도 못한 결과를 초래한 겁니다.

모든 작업에 100% 표준화가 있어도 자신에 대한 정확한 이해가 없으면, 표준을 지키고 싶은 마음과 상관없이 지킬 수 없는 표준이 되기도 합니다. 누구나 지킬 수 있는 표준을 정하기는 어렵습니다. 조직에서 최선의 표준을 정하면 자신의 심리적, 신체적 한계를 정확하게 알고 있어야 표준에 맞게 행동할 수 있는 개인코칭이 가능해집니다.

조직적인 표준화가 성공하기 위해서는 다양한 개인의 표준화 과정을 거쳐야 합니다. 내가 어떤 상황에 취약한지 인식하고 표준을 지키기 위한 나만의 규칙을 잘 세워야 합니다. 그 규칙은 제가 소내 운전규칙을 지키기 위해 "좌회전 시 일단 멈추고 10까지 센다" 라는 개인의 표준화 과정을 거쳐 안전행동을 높인 것과 같이 수치가 들어간 구체적 규칙이어야 합니다.

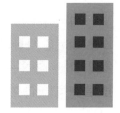

우리는 안전을 위해 최선을 다하고 있습니다

"상담사님, 상담사님은 후회하고 있는 일 없으세요? 저는 다시 학창 시절로 돌아간다면 그렇게 살지 않았을 것 같아요, 시간을 되돌릴 수만 있다면 좋겠어요."

"다시 돌아가면 어떻게 하고 싶으신데요?"

"공부도 열심히 하고 부모님 속도 안 썩히고 또 지금보다 약게 살고…."

"그런 일이 가능할까요? 같은 사람인데…."

"지금의 지혜를 가지고 시간을 돌릴 수 있다면 다르게 살 거예요. 하지만, 그 때의 저로 돌아가면 똑같이 살 것 같아요."

시간을 되돌려 인생을 바꾸고 싶다는 생각을 저도 많이 했습니다. 한 마디로 후회를 많이 한 거죠. '바보같이 왜 그랬을까?' 많은 시간을 자책하는 데에 써버렸습니다. 그런데 언제부턴가 이런 생각이 들더라고요. 그때의 내가 어떻게 다른 식으로 살 수 있었을까? 지금 보면 어리석고 바보 같은 선택을 한 것처럼 보이지만, 당시의 나로서는 최선을 다한 선택이었을 겁니다. 내 능력의 한도에서는 그 선택이 최선이었음을 인정하게 됐습니다. 지금의 저는 예전의 저와 다르고 어떤 방향으로든 성장했으니, 과거의 일들을 객관화해 볼 수 있게 된 겁니다. 지금의 잣대로 어렸던 나를 무참히 비판하고 '이렇게 했더라면 인생이 바뀌었을 텐데….'라고 후회하는 건 어쩌면 자만이 아닐까 하는 생각이 들었습니다. '참 잘했다. 고생했고 최선을 다했다.' 저의 선택과 행동을 받아들이고 나서야 마음의 여유가 생겼습니다.

자녀들 문제로 상담을 오는 부모들은 자신이 육아를 잘못해서 아이가 저러나 하며 많이 자책합니다. 그러면서 자신은 부모로서 자격이 없다며 자녀들의 양육에서 한 발 물러나려고 합니다. 전문가에게 맡기고 싶어하는 거죠. 세상에 자녀를 사랑하지 않는 부모는 없을 겁니다. 자신의 방식으로 최선을 다해 사랑을 줬는데 그 방법이 자녀와 맞지 않았을 수는 있습니다만, 방법을 몰라서 혹은 그 당시 그 방법이 최선의 방법이었을 수도 있습니다. 완벽한 실패도 완벽히 성공인 일도 없습니다.

안전에 대해서도 마찬가지가 아닐까요? 우리 모두는 자신과 사랑하는 사람들을 위해 안전에 최선을 다하고 있습니다. 지나가버린 부정적인 경험이나 실수에 대해 지나치게 자책하며 위축되지 않았으면 좋겠습니다. 사람이니까 그럴 수도 있습니다. 당신뿐 아니라 저역시 그랬을 수도 있으니까요. 후회는 하지 말고, 하더라도 금방 끝내버리고 자신을 사랑해줬으면 좋겠습니다. 그래야 현실적인 대책도 보이고, 주변 사람들을 배려할 수 있는 여유도 생기니까요. 늘 겸손한 자세로 배움에 대해 열려 있고, 자신을 용서하는 만큼 타인도 용서해주면서요. 당신과 나는 지금 안전을 위해 최선을 다하고 있다는 것을 잊지 마세요.

마치는 글

모르면 안전해서 불안전하다.

2019년 8월에 아버지가 돌아가셨습니다. 약 25년 전 사고를 당하셔서, 뇌의 많은 부분이 손상됐습니다. 병원 측에서는 너무 많은 부위가 손상돼 수술을 해서 성공한다 해도 식물인간으로 남을 거라며, 수술을 하겠느냐 안하겠느냐 선택을 하라고 했습니다.

우리 가족은 수술을 하지 않는 편으로 선택했고 아버지는 기적적으로 살아나셨습니다. 의사들도 "우리가 할 일은 없고 만약 살아나신다면 다 하늘의 뜻이다"라고 할 정도였으니까요.

누구보다 지적이시고 다방면에 재능이 있었던 아버지는 사고 후 아기의 지능과 정서를 지닌 어른이 됐습니다. 인지적인 판단력을 거의 상실해버리고 학습능력까지 사라진 아버지는 위험을 모르는 사람이 됐습니다. 세상에 위험이라고는 없는, 아버지의 입장에서는 확실히 안전한 세상에서 살게 되신 겁니다. 그러니 본능과 욕구, 습관에 충실하게 행동하셨습니다. 하나같이 위험하고 불안전한 행동들로, 비위생적이며 감염에 아주 취약한 행동들이었습니다.

당신의 건강을 위해서 알아야 할 최소한의 상식이나 지식을 학습할 수 없는 상황이니 하늘로 가는 그날까지 아버지에게 환경은 어머니의 뱃속처럼 안전했습니다. 그리고 아버지에게만 안전했던 환경이기에 그는 가장 불안전한 상태로 놓이게 됐습니다. 아버지를 보면서 '위험을 모른다는 건 참 편안하고 안전감을 주는데, 그 안전감이 위험을 초래하는 구나….'라는 생각이 들었습니다.

안전에 대해서 앞으로 배워야 할 게 참으로 많습니다. 하고 싶은 말, 쓰고 싶은 말들이 아직 가득한데 책만 두꺼워지면 무엇하나? 하는 마음으로 욕심을 내려놓았습니다. 안전과 관련해 감당하기 어려운 내용과 정면으로 부딪히기 껄끄러운 부분들을 언제까지 미루거나 회피해서는 안 됩니다. 그 미지의 영역들을 모르는 만큼 불안전한 상태에 놓이게 될 테니까요.

나에 대해, 사랑하는 사람에 대해, 그리고 일반 사람에 대해 배우고 수용하고 행동으로 연결해서 안전함으로써 행복한 삶이 됐으면 좋겠습니다.

읽어주셔서 감사합니다.
더 알차고 진실한 내용으로 또 만나기를 희망하면서….
김석미 드림.

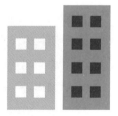

참고도서들

- 넛지사용법, 강준만 외, 인물과 사상사, 2018.
- 사고는 왜 반복되는가, 이시바시 아키라, 조병탁·이면헌 옮김, ㈜한언, 2015.
- 사람일까 상황일까, 리처드 니스벳·리 조스, 김호 옮김, ㈜도서출판 푸른숲, 2019.
- 산업안전기사, 최윤정, 구민사, 2018.
- 성격의 탄생, 대니얼 네틀, 김상우 옮김, 와이즈북, 2010.
- 안전 패러다임의 전환I, 에릭 홀네이겔 지음, 윤완철 감수, 홍서연 옮김, 세진사, 2016.
- 안전경영, 1%의 실패는 100%의 실패다, 이양수, 이다미디어, 2015.
- 안전문화혁명, 윤양배, ㈜지구문화, 2019.
- 안전심리, 정진우, 청문각출판, 2017.
- 안전심리학, 갈원모·이우언·권윤아, 노드미디어, 2014.
- 안전심리학, 이순열·이순철·박길수·학지사, 2018.
- 안전의식혁명, 하가 시게루, 조병탁·이면현 옮김, ㈜한언, 2014.
- 오류엔 원칙밖에 없다, 윤용구, 한국학술정보㈜, 2013.
- 위험과 안전의 심리학, 마사다 와타루, 이재식·박인용 옮김, ㈜한언, 2015.
- 인간중심의 현대안전관리, 정병용, 민영사, 2019.
- 휴먼에러를 줄이는 지혜, 나가타 도오루, 정기효·이민자 옮김, ㈜한언, 2015.

현장으로 간 심리학

초판발행	2020년 6월 3일
중판발행	2022년 2월 10일

지은이	김석미
펴낸이	노 현

편 집	최은혜
디자인	BEN STORY
제 작	고철민·조영환

펴낸곳	(주) 피와이메이트
	서울특별시 금천구 가산디지털2로 53, 한라시그마밸리 210호(가산동)
	등록 2014. 2. 12. 제2018-000080호
전 화	02)733-6771
f a x	02)736-4818
e-mail	pys@pybook.co.kr
homepage	www.pybook.co.kr
ISBN	979-11-6519-068-2 03180

정 가 15,000원

박영스토리는 박영사와 함께하는 브랜드입니다.